国家自然科学基金青年项目（项目批准号：72102179）
教育部人文社会科学青年基金项目（项目批准号：21XJC630
中国博士后科学基金面上项目（资助编号：2023M742818）

经管文库·管理类

前沿·学术·经典

虚拟社区中社会线索与用户贡献研究
——基于社会临场感视角

RESEARCH ON SOCIAL CUES AND USER
CONTRIBUTION IN VIRTUAL COMMUNITY
—A SOCIAL PRESENCE PERSPECTIVE

胡名叶 著

经济管理出版社
ECONOMY & MANAGEMENT PUBLISHING HOUSE

图书在版编目（CIP）数据

虚拟社区中社会线索与用户贡献研究：基于社会临场感视角/胡名叶著 . —北京：经济管理出版社，2023.11

ISBN 978-7-5096-9475-6

Ⅰ.①虚…　Ⅱ.①胡…　Ⅲ.①虚拟现实—用户—行为分析—研究　Ⅳ.①C912.6

中国国家版本馆 CIP 数据核字（2023）第 217881 号

组稿编辑：杨国强
责任编辑：杨国强
责任印制：黄章平
责任校对：张晓燕

出版发行：经济管理出版社
　　　　　（北京市海淀区北蜂窝 8 号中雅大厦 A 座 11 层　100038）
网　　　址：www.E-mp.com.cn
电　　　话：（010）51915602
印　　　刷：唐山玺诚印务有限公司
经　　　销：新华书店
开　　　本：720mm×1000mm/16
印　　　张：13.25
字　　　数：202 千字
版　　　次：2023 年 11 月第 1 版　　2023 年 11 月第 1 次印刷
书　　　号：ISBN 978-7-5096-9475-6
定　　　价：98.00 元

前　言

　　随着社交元素与媒体技术的不断融合与创新，新的虚拟社区不断涌现，它们或提供创新的信息共享模式，或满足人们新的社会交往需求，使得虚拟社区对用户的争夺愈演愈烈。竞争环境下，拥有更多用户持续贡献的高质量内容是虚拟社区保持优势地位的砝码。虚拟社区中的用户贡献行为是一种自愿的、没有任何报酬的活动，用户可以随时离开社区或者转移到其他社区平台，但也有一部分用户愿意持续在社区中发表内容，这吸引了大量的学者对该现象的关注。现有文献主要从社会认同理论、动机理论、社会资本理论、承诺理论、期望确认理论、观察学习理论、领导成员交流理论等视角展开研究，但这些基于社会心理学的研究成果主要是在虚拟社区的技术环境已经给定或者不变的前提下，忽略了用户在社区中的行为是因信息技术和用户体验的融合而形成的。虚拟社区中的社会线索是社区提供的有利于用户社会互动的功能特征，用户通过使用社会线索形成的社会临场感描述了用户在社区中的心理体验，两者的结合为本书探索虚拟社区中社会线索与用户贡献的关系提供了理论基础。

　　本书从技术和用户结合的角度，研究虚拟社区中社会线索如何影响用户的贡献意愿与行为表现，研究结果在一定程度上能够为虚拟社区的开发和运营管理提供决策支持。在此过程中，一方面，本书将用户贡献意愿细分为初始贡献和持续贡献，这与当前学者提出的两种行为意愿的影响因素和过程存在不同的观点一致，但学者们还没有研究探索两者的影响机制之间的区别与联系。另一方面，本书关注用户贡献的行为，即用户贡献的数量与质量，从而探索社会线索与用户贡献行为间可靠的因果关系。因此，本书在以下几个方面具有一定创新价值：

首先，本书在虚拟社区的社会线索对用户初始贡献意愿影响研究中，基于社会临场感理论和信任理论建立了理论模型；通过结构方程模型进行实证分析发现，用户使用社会线索的程度、社会临场感、信任都会对用户的初始贡献意愿产生显著正向影响，并且情感临场感通过信任的中介作用影响初始贡献意愿，认知临场感既可以直接影响初始贡献，也可以通过信任的中介作用产生影响，而意识临场感对用户初始贡献意愿没有显著影响。

其次，本书在虚拟社区的社会线索对用户持续贡献意愿影响的研究中，借鉴社会临场感理论和心流理论建立了理论模型；通过结构方程模型进行实证研究发现，用户使用社会线索的程度对用户持续贡献意愿具有正向影响，同时，用户使用社会线索的程度还通过社会临场感和心流体验的链式中介正向影响用户持续贡献意愿，并且信任也通过心流体验的中介作用影响用户的持续贡献意愿，而意识临场感对用户持续贡献意愿没有显著影响。

再次，本书在基于身份标识的印象型线索对用户贡献的数量和质量影响研究中，借鉴社会临场感理论和社会助长理论构建了研究模型；通过固定效应回归模型进行实证检验发现，身份标识线索的引入带来了用户贡献数量的增加，对用户贡献的质量没有影响，同时基于身份标识的社会线索的激励作用仅对特定临界值以内的用户参与水平（累计发帖量444篇，月平均发帖8篇）有效。

最后，本书在基于信息披露的交互型社会线索对用户贡献的数量和质量影响研究中，基于社会临场感理论和自我意识理论构建了研究模型；基于倾向值匹配和双重差分方法进行实证检验发现，信息披露的社会线索的引入带来了用户贡献数量增加，以及用户贡献质量下降，表现在基于信息披露的交互型社会线索可以刺激用户产生更多的主观内容和更积极的情感内容，但对客观内容和消极情感内容没有显著影响。

　　本书对于全面理解虚拟社区中社会线索对用户贡献意愿的影响机制，深入挖掘社会线索对用户贡献行为的影响，具有一定的理论价值和实践意义，为后续研究者进一步探究虚拟社区用户贡献的意愿或行为与社会线索的关系提供了理论框架。本书的研究结果有助于揭示虚拟社区社会线索相关的技术特征设计背后的行为学原理，扩展了社会临场感理论、信任理论、心流理论、社会助长理论在虚拟社区用户贡献行为领域的应用研究，对虚拟社区开发和运营者更好地设计虚拟社区平台，以引导用户持续地贡献有质量的内容提供了决策借鉴。

目　录

第1章　绪论

1.1　问题的提出

1.1.1　研究背景

在当今社交媒体时代，越来越多的互联网用户活跃在虚拟社区中，喜欢读书和看电影的可以去豆瓣社区，爱好体育活动的可以加入虎扑论坛，对学术研究感兴趣的可以加入人大经济论坛和 Research Gate，对区块链技术热衷的可以去 CSDN 社区，爱好消费经验交流的可以去小红书和美丽说社区。这些丰富多彩的虚拟社区吸引了大量兴趣相投的互联网用户，人们在社区中分享各自的知识和经验，建立社会互动关系，构建了一个相互连接的网络空间。然而，相对于在虚拟社区中获取信息，用户分享信息的过程需要花费更多的时间和精力成本，导致有相当比例的用户不愿参与内容贡献行为，这种现象被称为"参与不均"。Nielsen 在研究虚拟社区中的参与不均现象时发现，社区中大约90%的用户属于从来不贡献内容的潜水者（Lurkers），9%的用户仅贡献很少的内容，而1%的用户贡献了社区中的绝大多数内容，Nielsen 将其称为90-9-1 法则[1]。参与不均现象已经成为虚拟社区中的普遍状态，如何实现一个更均衡的参与分布，如80-16-4（即80%的用户潜水、16%的用户贡献较少内容、4%的用户贡献绝大多数内容），是保障虚拟社区可持续性运营的关键。

同时，学者们也指出，虚拟社区中这种参与不均现象是一种正常存在的状态。对于社区经营者来说，正确的选择是如何将这种参与不均塑造成普遍的90-9-1，还是实现一个更均衡的参与分布，如80-16-4。因此，尽管虚拟社区的贡献行为不均衡，但我们可以试图找到减少不均衡的方法，以促进用户贡献行为的产生和持续发展。这方面，已有研究对影响虚拟社区用户贡献行为的因素进行了广泛而深入的分析，取得了大量丰富的成果。例如，在专业人士的在线社区研究中，Wasko 和 Faraj 注意到声誉、利他主义、互惠和社区兴趣是成员知识贡献的重要动机[2]。同样，在线点评社区中成员贡献产品评论的研究中，Peddibhotla 和 Subramani 将社会归属感、专业自我表达、声誉利益和社会资本确定为关键动机[3]。Jeppesen 和 Frederiksen 的一项研究报告称，用户体验、网站认可以及个人属性（如业余爱好者）对用户的积极贡献产生影响[4]。Chiu 等也证实了社会资本和预期结果对个人是否愿意在线分享知识产生影响[5]。

以上研究基本是基于虚拟社区的技术设计特征是给定的或是不变的这一前提。后来，一些学者将这些社会心理因素与社区设计特征相结合，探索用户贡献行为的影响因素。Ling 等在虚拟社区中引入一个提醒"用户贡献内容是独特的"功能特征，发现这个社区特征能显著增加用户的贡献[6]。Rafaeli 和 Sudweeks 发现，虚拟社区对发帖内容的组织和传播方式会影响成员参与[7]。研究发现，社区设计特征中增加用户被其他用户看到的机会增强了用户贡献的活跃度[8]，相反，阻碍用户能见度（Visibility）的技术特征降低了用户贡献的意愿[9]。可以说，虚拟社区的功能特征是用户进行互动交流的技术支撑，例如个人信息的展示、声誉标签、即时通信功能等，为用户找到感兴趣的其他成员建立连接并进行交流提供了便利。作为被互联网用户广泛接受的社会化互动场所，虚拟社区已经渗透到人们跨越时间和地理位置进行社会交往的重要渠道。本书将虚拟社区中与社会互动有关的功能特征称为社会线索，用户使用这些社会线索可以向其他人传递有关自我形象和可接近性的信息[10,11]。尽管虚拟社区中设计了多种多样的社会线索，以促进社区成员间的交流互动。但是，关于社会线索的使用是否以及如何影响虚拟社区中的用户贡献目前还没有获得回答，相关研究也比较匮乏。对于此研究问题的解答，非常有助于虚拟社区把握用户贡献的心理机制，为社区运营人员提高用户在社区中的贡献产出提出有效的解决方案，从而实现虚拟社区的长远和可持续发展。

在系统梳理社会线索的相关文献中发现，以计算机为媒介的通信（Computer-Mediated Communication，CMC）的相关研究普遍认为，CMC 环境面临社会线索缺失或不足的问题。因为通过计算机渠道不能轻易方便地实现诸如肢体语言和物理环境等重要语境线索的传递。在虚拟社区的环境中，首先，缺乏同步性和即时性会削弱社会规范对行为的影响，导致更多的社会惰化（Social Loafing)[12]。其次，虚拟社区中的交流涉及众多来自不同背景和文化的参与者，由于社会线索的缺失，用户在交流和内容贡献的过程中建立相互理解的状态显得更加困难。最后，信息冗余或信息过载会增加用户的认知成本，从而影响虚拟社区中用户的贡献行为。尽管虚拟社区的运营面临着众多挑战，实践经验中也可以发现，用户在没有任何报酬的情况下也会自愿地参与社区活动、贡献在线内容。根据社会临场感理论（Social Presence Theory）的观点，随着时间的推移，CMC 环境下（包括虚拟社区场景）的成员主要依靠文字交流也可以实现像面对面交流一样的沟通效果。这是因为，虚拟社区中的成员可以通过对社会线索的不断丰富（如上传照片、提供自己的职业、兴趣爱好或者对他人的观点进行互动评论等），建立并发展自己的社会身份（Social Identity），从而提高自身在社区中的社会临场感，最终改善在线社区环境中的沟通交流效果。

本质上，虚拟社区用户对社会线索的丰富，依赖于虚拟平台提供的功能设计。以知乎社区为例，图1-1是知乎社区提供的印象型社会线索，通过使用这些线索，用户可以向其他人展示自我形象以塑造社区中的身份，如个人页面背景图片、头像、用户名（昵称）、居住地、所在行业、职业经历、教育经历、个人简介等，在这里，用户的身份是虚拟身份，可以与现实世界中的身份一致或不一致，本书只关注用户建立的虚拟身份，不关注与现实身份之间的差异。此外，以汽车论坛为例，图1-2是汽车之家社区的交互型社会线索举例，汽车之家社区提供了通知、回复、评论、私信、问大家、车友圈等功能，以帮助成员建立双向沟通渠道或者实时互动。

图1-1 知乎社区的印象型社会线索举例

社会临场感理论描述了用户在媒介中对其他人即时即刻的意识，以及感觉可到达其他人的心理、情绪和意向状态的程度[11,13]，社会临场感是一种心理

图 1-2 汽车之家社区交互型社会线索举例

状态。用户使用虚拟社区中的社会线索可以向其他用户传递更丰富互动的信号，社会线索的丰富程度决定了用户在虚拟社区中的社会临场感，进而影响到用户的贡献行为。根据信息传递的方式（单向和双向），本书将虚拟社区中有利于单向信息传递的系统设计特征称为印象型社会线索，例如用户的昵称、个人页面以及其他用于个体自我展示的功能；将社区中有利于双向信息传递的系统设计特征称为交互型社会线索，例如，私信、即时聊天窗口、显示用户在线状态等方便双向沟通以及实时互动的功能。研究表明，网站中的社会线索越丰富，用户对网站的态度越积极，用户间的交流互动越活跃[14,15]。尽管虚拟社区中多种功能特征被广泛使用，但关于虚拟社区不同功能特征的使用是否以及如何影响用户贡献行为的研究还很匮乏。

基于此,本书从社会临场感理论视角出发,试图将虚拟社区中的功能特征与用户的贡献行为建立理论连接,提出两者间的关系是通过与用户贡献行为有重要影响的社会临场感作用下产生的。这不仅为虚拟社区的功能设计提供理论指导,还对社区有效管理用户内容贡献行为提供可操作的实践路线,对其他类型的社会化媒体(如社交网站)也具有重要的参考价值。

1.1.2 研究问题

随着信息技术的发展,以计算机为媒介的组织形式层出不穷,例如在线知识分享平台、在线消费经验交流社区、患者交流论坛等。这类虚拟社区的存在,极大地改变了人们沟通和交流的方式,深刻地影响了人们的工作和生活[16]。本书所关注的虚拟社区指通过互联网形成的互动交流空间,成员间基于某种共同的兴趣和爱好聚集在一起分享各自的知识与经验,从而形成一定社会关系的群体。例如,以问答为主题的共享知识社区——知乎,以华为手机为主题的消费和使用经验分享社区——花粉俱乐部等。这类社区的运营依赖用户贡献的内容,用户基于内容连接在一起,发展出一定的社交关系,用户在交流互动过程中获得更多的学习或体验,由此贡献出更多内容。这种正向循环是一个健康发展的社区所希望看到的。

然而现实是,许多虚拟社区面临用户持续性不足的问题,有些社区仅成立很短的时间就销声匿迹,用户不再贡献新的内容;有的社区经过几年的时间用户依然愿意持续地贡献内容。这激发本书探索虚拟社区中什么特征抓住了用户的注意力,使用户在社区中愿意持续贡献的动力。本书将用户贡献意愿细分为初始贡献意愿和持续贡献意愿,并关注用户在虚拟社区贡献的行为,研究问题包括:

(1)虚拟社区中的印象型社会线索和交互型社会线索是否影响用户的初始贡献意愿?以及内在的作用机制是什么?

(2)虚拟社区中的印象型社会线索和交互型社会线索是否对用户的持续贡献意愿产生影响?以及内在机制是什么?

（3）虚拟社区中引入基于身份标识的印象型社会线索是否会影响用户贡献的行为，包括用户贡献内容的数量与质量？以及这一变化的原因是什么？

（4）虚拟社区中引入基于信息披露的交互型社会线索是否会影响用户贡献的行为，包括用户贡献内容的数量与质量？以及这一变化的原因是什么？

1.2 研究目的及意义

1.2.1 研究目的

本书关注虚拟社区中用户的贡献行为，并进一步将用户的贡献区分为初始贡献意愿和持续贡献意愿，借鉴社会临场感理论，深入探索虚拟社区中的印象型和交互型社会线索对用户贡献产生的影响效应及机制，从而帮助虚拟社区更好地理解用户贡献行为，为虚拟社区的运营和管理提供决策支持。本书具体研究目的如下：

（1）探索社会线索对用户初始贡献意愿的影响机制。研究已经表明，用户的初始贡献与持续贡献的影响因素和过程存在不同，但当前更多的研究关注用户持续贡献行为，对于初始贡献行为的影响因素和过程方面的研究非常匮乏。调查发现，虚拟社区存在大约90%的潜水者，如何激发其中一定比例的潜水者实施初始贡献，对于虚拟社区来说具有重要意义。本书从用户使用社会线索的程度如何影响用户初始贡献意愿的产生进行研究，可为保证用户持续贡献提供重要的支持。

（2）探索社会线索对用户持续贡献意愿的影响机制。尽管现有文献已经对用户持续贡献行为进行了大量研究，但这些研究都基于虚拟社区的设计特征是给定或是不变这一前提。本书从虚拟社区如何设计提供社会线索的功能入手，研究用户对社区中社会线索的使用对用户贡献行为的研究过程，不仅能帮助虚拟社区运营商实现对社区用户的个性化管理，而且为通过虚拟社区获取知识和经验的用户提供更好的社区体验。

（3）探索虚拟社区引入基于身份标识的印象型社会线索对用户贡献行为产生的影响。身份标识作为虚拟社区用来激励用户贡献内容的一种手段，现有研究多是通过问卷调查的数据验证激励措施与用户贡献意愿间的相关关系，本书基于虚拟社区中身份标识功能上线这一事件建立了基于身份标识的印象型社会线索对用户贡献内容的数量和质量影响的因果关系，丰富了以往的研究结论和视角。

（4）探索虚拟社区中引入基于信息披露的交互型社会线索对用户贡献行为产生的影响。大部分虚拟社区采用匿名的交互方式，虽然有利于促进个性化的互动交流，但逐渐发现匿名所带来的诸如诽谤、欺凌和地域歧视等问题，本书为在线医疗社区引入一个基于信息披露的交互型社会线索，该线索可以提高用户在社区中真实信息的暴露程度，通过准实验的设计探索其对用户贡献的数量与质量的影响，有助于指导虚拟社区运营者制定有效的经营决策，从而提高用户贡献的数量和质量，并可预测增加社区功能特征可能带来的下一步影响。

1.2.2 研究意义

1.2.2.1 理论意义

（1）拓展和深化了虚拟社区用户贡献行为的理论研究。虚拟社区用户贡献行为作为虚拟社区最为关注的内容，吸引了大量的学者对其影响因素进行研究，但大多数的研究从社会心理学的角度，如动机、社会资本、社会交换、社会认知等理论切入，忽略了虚拟社区本身设计特征的改变这个角度，而本书将虚拟社区提供的技术特征情景化为印象型社会线索和交互型社会线索，以社会临场感理论为支撑，挖掘社会线索对用户贡献行为的影响，丰富和拓展了用户贡献行为领域的成果。同时，本书将用户的贡献意愿区分为初始贡献意愿和持续贡献意愿，对用户贡献意愿的细分有利于更精确地解释用户不同贡献产生的心理机制，在一定程度上拓展了虚拟社区用户贡献行为的研究范围，进一步丰富了虚拟社区用户贡献行为的相关理论。

（2）探明了不同社会线索对用户贡献的数量与质量的影响效应。虚拟社区不仅关心用户贡献的数量，反映社区的活跃度，还强调用户贡献的质量，反映了社区的成熟度。然而，目前研究主要集中在影响用户贡献活跃度的因素上，对用户贡献质量的因素研究相对较少。本书深入研究了基于身份标识的印象型社会线索和基于信息披露的交互型社会线索对用户贡献数量及质量的影响效应，有助于揭示和区分影响用户贡献数量及质量的驱动因素，进一步明确了虚拟社区技术特征设计背后的行为学原理。这一研究成果有助于虚拟社区更全面地评估用户的贡献行为，不仅关注其数量，还注重提升质量，从而更好地满足社区的发展和用户需求。这将为虚拟社区管理者提供更多有针对性的策略，以优化用户的贡献行为，从而推动社区的可持续发展。

（3）扩展了社会临场感理论在虚拟社区领域中的研究范围。社会临场感理论被提出以来，经过了四个阶段的发展和演化，理论内容得到了不同程度的延伸，但在虚拟社区领域，社会临场感理论才刚起步，且相关研究成果把社会临场感局限在用户参与动机的前因变量，如 Shen 和 Khalifa[17] 的研究成果。本书发现了社会线索对用户贡献意愿以及用户贡献行为的影响研究中社会临场感的不同作用，如在对用户初始贡献意愿和持续贡献意愿的影响中，情感临场感和认知临场感比意识临场感扮演的角色更为重要。随着社会临场感理论逐渐被应用到社会化电子商务、在线学习等领域，这一研究结果将加深相关领域学者对社会临场感理论的理解和推广。

1.2.2.2 实践意义

（1）理解不同用户贡献意愿的心理机制。本书通过将用户贡献意愿细分为初始贡献意愿和持续贡献意愿，为虚拟社区运营者提供了更深入的洞察。这有助于他们更好地理解用户在不同参与阶段产生贡献意愿的心理机制。在虚拟社区的功能设计中，可以根据初始贡献意愿的心理机制，优化用户注册和社区加入的流程，以吸引更多新用户的积极参与。同时，针对持续贡献意愿的心理机制，可以采取措施引导用户更频繁地使用社会线索，从而提高用户持续发表内容的意愿。

（2）改进用户贡献行为的政策和管理。本书通过引入基于身份标识的印象型社会线索和基于信息披露的交互型社会线索，深入研究了两种线索对用户贡献数量和质量的影响。这对虚拟社区管理者来说具有重要意义。当前，虚拟社区普遍采取各种方式激励用户贡献内容，但哪些方法最有效，以及为什么它们有效仍然不清楚。因此，本书为虚拟社区提供了基础，以制定更加精确和有效的政策，以干预和管理用户在社区中的贡献行为。

（3）应用社会临场感理论探索新特征与用户体验。本书应用社会临场感理论的方法为虚拟社区探索其他功能特征与用户体验的结合提供了可操作实践模型。虚拟社区的运营人员在开发新的技术特征时，可通过进行用户预调研或让用户预先使用一段时间，从而有效地预测用户贡献行为和内容的变化。这可以帮助他们更精确地了解新特征的潜在影响，以便在管理虚拟社区时更具针对性地指导工作。

总之，本书的实践意义在于帮助虚拟社区运营者更好地理解和引导用户的贡献意愿及行为，提高社区的活跃度和质量，同时为虚拟社区的发展和创新提供有力的理论支持及实际方法。这有助于建立更加繁荣和可持续的虚拟社区生态系统。

1.3 国内外研究现状及评述

1.3.1 虚拟社区的相关研究

虚拟社区的概念自 20 世纪 90 年代被提出以后，受到了学者和产业界人士的广泛关注。本书对虚拟社区领域的文献进行梳理，以对虚拟社区的概念发展和相关研究主题的成果进一步明晰，包括虚拟社区的界定、种类以及虚拟社区用户的角色。对于虚拟社区中用户贡献行为的界定将在 1.3.2 节单独进行分析。

1.3.1.1　虚拟社区的概念

虚拟社区的概念是依托线下社区的概念发展而来的。与线下社区最关键的区别是，虚拟社区突破了时间和空间的限制，随着互联网的发展，处在世界各地的人们均可以通过互联网进行连接，因此虚拟社区中的成员也可以建立如传统线下社区中相似的社会互动关系，甚至建立亲密、相互信任的关系。不同的学者基于不同的角度对虚拟社区的概念提出了界定。Rheingold 认为，虚拟社区是通过互联网形成的社会群体，群体内的成员相互分享自己的知识和经验信息，从而建立一定程度上的亲密关系[18]。Rheingold 为虚拟社区总结了三个主要特征：首先，虚拟社区是一个基于互联网的空间，一系列活动发生在这个网络空间内；其次，虚拟社区中的讨论由参与者和其他人讨论产生，也就是社区中的观点、知识或情绪是一种公共讨论的形式；最后，虚拟社区中的成员可以建立个人关系，在充足的时间前提下，参与者可在虚拟社区中与其他成员发展人际间的关系。Hagel 选取满足用户需求的角度，将虚拟社区定义为可以满足互联网用户在兴趣、人际关系和交易方面需求的一个数字化的互动空间[19]。Jones 和 Rafaeli 的研究中使用虚拟公共场所（Virtual Public）作为虚拟社区同等的概念，在其界定中，主要关注一个网络空间内参与者通过交互作用所做的贡献[20]。此外，Romm 和 Clarke 对虚拟社区的界定更为宽泛，认为只要是通过计算机媒介进行兴趣爱好交流的人群，不受地理位置和时间的限制，那么建立交流的人群就构建了虚拟社区[21]，然而这样宽泛的概念界定不能有效地区别虚拟社区和其他网站。Gupta 和 Kim 在其界定中强调虚拟社区的成员是一群陌生人基于共同的兴趣爱好或其他目标，在网络空间中共享信息、兴趣爱好而建立相互联系的社会互动关系[22]，该界定可以将虚拟社区与其他网站（如基于熟人网络）建立的交流空间区别开来。本书将虚拟社区界定为：通过互联网形成的互动交流空间，此空间内的成员之间基于某种共同的兴趣和爱好聚集在一起分享各自的知识与经验，从而形成一定社会关系的群体。

1.3.1.2 虚拟社区的分类

随着计算机技术与网络技术的发展，关于虚拟社区的研究逐渐增多。根据文献梳理可以发现，现有学者对虚拟社区的分类主要有四种：一是根据成员的需要[23]；二是根据虚拟社区的商业性[24]；三是根据技术标准；四是多维视角。具体地，Armstrong 和 Hgael 按照成员的需求差异将虚拟社区分为交易型社区、兴趣型社区、幻想型社区、关系型社区四类[23]。Ridings 和 Gefen 根据成员的需要将虚拟社区分为信息交流的社区、寻求支持的社区、寻求友谊的社区、寻求娱乐的社区、共享兴趣的社区、技术原因的社区[25]。Klang 和 Olsson 根据虚拟社区的营利性与经营主体将其分为四类：论坛式在线社区、商店式在线社区、俱乐部式在线社区、集市式在线社区[24]。Krishnamurthy 按照商业模式将虚拟社区分为三类：在线社区群、交易/共享在线社区、作为公司网站一个特征的在线社区[26]。Hummel 和 Lechner 根据虚拟社区的交互的丰富程度与交易性的增减分为游戏社区、兴趣社区、B2B 社区、B2C 社区、C2C 社区等[27]。

1.3.1.3 虚拟社区中的用户类型

对于虚拟社区的健康发展来说，用户是社区中最为重要的资源。现有的学者基于不同的特征对用户角色进行分类描述。最为常见的是，根据用户在社区中的贡献水平，将用户分为领袖用户、活跃用户和潜水者[28]。Van Varik 和 Van Oostendorp 将虚拟社区中的用户分为非活跃用户（Inactive Member）和活跃用户（Active Member）。其中，非活跃用户指极少或从不访问社区，或者访问社区但只是浏览他人发布的信息，对社区没有贡献的用户。活跃用户指在虚拟社区中参与互动交流，并留下行为记录的用户[29]。尽管非活跃用户当前对社区没有贡献，但不排除在未来的某个时间产生参与行为（如发言提问或者分享信息），而成为社区的活跃用户[30]。因为非活跃用户可能正在学习参与社区的规则，或者在观察此社区是否能够满足自己的需求[31,32]。

为了更好地理解虚拟社区用户参与，众多学者基于不同标准对用户进行分类，如表1-1所示。可以看出，虽然学者们对虚拟社区用户的分类观点不尽相同，但他们都将意见领袖作为用户中的重要类别单独分析，足以看出意见领袖在虚拟社区运营中的重要地位。

表1-1 虚拟社区用户分类

用户类别	标准	资料来源
领袖用户、呼应用户、共享用户、浏览用户	发帖数、回帖数、原创文章数、精华数	参考[33]
领袖用户、聚焦用户、扩散用户、争议用户、边缘用户	发帖量、回复量、认同值、扩散度	参考[34]
领袖用户、回应用户、社交用户、咨询用户、旁观用户	点入度、点出度、交往规模、互动程度	参考[35]
领袖用户、普通用户	中心度、贡献、语言特征	参考[36]

1.3.2 虚拟社区用户贡献行为的相关研究

广义上来说，虚拟社区用户贡献行为是指用户在社区中进行信息分享的行为，分享的形式包括文字、图片、音频和视频等[37-39]。当前学者们对于虚拟社区用户贡献行为的研究逐渐深入，学者们对用户贡献行为的关注发展到持续贡献行为，认为影响用户贡献的相关因素不能很好地预测用户是否能够持续地做出贡献[40,41]。基于此，本书从用户的初始贡献（Initial Contribution）和持续贡献（Sustained Contribution）两个角度对现有研究成果进行梳理，以对比两种贡献行为的不同作用机制。本书对当前存在的关于用户贡献行为的影响因素文献进行了检索发现，有的研究包括持续贡献的影响因素研究、初始贡献的影响因素研究以及未做分类的用户贡献行为研究三类，接下来对三类研究成果进行总结。

表1-2是从作者、研究问题、理论视角、实证方法、因变量和社区类型六个方面对文献进行了清晰的展示。可以看出，现有研究从社会认同理论、动机理论、社会资本理论、承诺理论、期望确认理论、观察学习理论、领导—成员交流理论等众多视角提出了相关因素。这些因素主要是社会心理学因素，较少有研究关注虚拟社区中的技术功能因素。

表1-2 虚拟社区用户贡献行为的影响因素的相关研究

文献	研究问题	理论视角	实证方法	因变量	社区类型
[42]	主观规范和社会认同对在线社区参与的社会影响，以及动机因素的前置变量和团体规范和社会认同的中介变量	社会认同理论	问卷调查	广义的贡献行为	多种虚拟社区：如邮件列表、虚拟公告栏和聊天室等
[25]	人们加入虚拟社区的原因	动机理论	问卷调查	初始贡献行为	虚拟公告栏
[43]	名誉、关系资本和个性化如何影响持续贡献意向	不可换回投资	实地观察和问卷调查	持续贡献意向	专家分享网络
[2]	个体动机和社会资本（包括结构、认知和关系资本）对在线网络中知识贡献行为的影响	社会资本理论	问卷调查和档案数据	贡献的有用性和数量	电子实践网络
[44]	对新成员初始发表内容的回应，初始发表内容的特征以及对新成员所发布的对其他信息的回复内容进行的回应，对持续贡献行为的影响	承诺理论和团队社会化	档案数据	持续贡献行为	在线讨论群组
[45]	正式领导角色，个人和社区利益以及社区特征对成员参与的影响	虚拟社区动机因素的研究	问卷调查	广义的贡献行为	邮件列表
[46]	情境因素和技术因素对个体持续贡献行为的影响	期望确认理论	问卷调查	持续意愿	专业的在线社区
[47]	促使开源软件开发者持续贡献意愿的动机因素	期望价值理论	问卷调查	持续意愿	开源软件社区

续表

文献	研究问题	理论视角	实证方法	因变量	社区类型
[48]	领导对吸引现有成员持续参与意图的影响	在线群组参与研究	问卷调查和档案数据	持续贡献	信息密集型的在线群组
[49]	开源软件社区中开发者持续的长期和自愿性贡献行为产生的机制	合法的边缘性参与理论	定性地纵向案例数据	持续贡献	开源软件社区
[50]	社区类型和用户行为的类型	承诺理论	问卷调查数据和档案数据	广义的贡献行为	在线讨论社区
[51]	访客转换成虚拟品牌社区会员的机制	观察学习理论	问卷调查	初始贡献行为	虚拟品牌社区
[41]	影响在线创新社区成员持续贡献的因素	—	纵向数据	持续贡献行为	开源软件社区
[52]	领导风格对持续贡献行为的影响	领导—成员交流理论	仿真实验	持续贡献行为	开源软件社区
[53]	社区信息与网站特性、个体和群体对持续参与意愿的影响	"认知—情感—意动"理论	问卷调查	持续贡献意愿	智能手机在线社区

1.3.2.1 虚拟社区用户持续贡献行为的影响因素

由于用户持续贡献反映了虚拟社区可持续性运营的能力，因此学者们对影响虚拟社区用户持续贡献的影响因素进行了广泛探讨，取得了较为丰富的研究成果。

Fang 和 Neufeld 在开源软件社区中研究了开发者的持续贡献行为，基于 Lave 和 Wenger 提出的合法的边缘性参与（Legitimate Peripheral Participation）理论，关注情景学习（在社区中明智而有目的地行动的过程）和身份建构（在社区内被识别的过程）这两个因素的影响效果[49][54]。收集的纵向数据来源于多个方面：在线公开项目记录、电子邮件信息、追踪消息和日志文件。定性分析的结果显示，参与的初始条件并不能有效预测长期参与，但学习和身份建构行为与持续参与正相关。此外，这项研究表明，持续的参与者通过始终如一地参与定位学习区分自己，这些学习既包括概念上的贡献（建议他人），也包括实践上的贡献（改进代码）。Sun 等采用网络调研的途径对众包型社区中的持续贡献意愿进行了研究，发现内在和外在动机对持续贡献意愿存在正向影响，并且任务复杂度负向调节外在动机对持续贡献意愿的影响，自我效能正向调节内在动机与持续贡献意愿的影响[40]。Lampe 等基于使用与满足理论和组织承诺理论比较了个体动机和组织动机对用户持续使用的影响，对社区中的295 个匿名用户和 304 个注册用户进行调研收集数据，实证分析结果表明，归属感对两种类型的用户持续参与均有显著影响，社会和认知因素比可用性对预测持续参与行为更为有效[55]。

还有一些学者基于信息成功模型视角对持续贡献行为的影响因素进行研究。Lin 和 Lee 基于信息系统成功模型，探索了虚拟社区成功的决定因素模型，通过调研获得 165 份社区成员的有效问卷，利用结构方程模型进行实证分析发现，系统质量、信息质量和服务质量对成员忠诚产生积极影响效果，同时，三个因素是通过用户满意和使用社区的行为意向的中介作用产生作用的[56]。梁文玲和杨文举基于信息系统持续使用理论，研究了虚拟品牌社区信息质量对用户持续参与意愿的影响，通过问卷调查方法收集了 376 名用户数据，通过结构方程模型进行实证检验，结果显示，信息内容质量、表达质量、效益质量和载体质量，均通过满意度的中介作用影响用户持续参与意愿[57]。Zhang 等通过对虚拟开源软件社区中 300 多个开源项目讨论群组研究发现，社区响应和用户角色对用户持续贡献行为产生影响，实证阶段通过分析纵向数据发现，社区响应对持续贡献行为影响更大[41]。Oh 等在虚拟协作工作社区中设计仿真实验，基于领导—成员交流理论探索了领导风格对持续贡献行为的影响，实证研究发现，有区别的领导—成员交流风格在环境不确定性高的情境下更有效，而一致的领导—成员交流风格在去中心化的沟通结构以及社区发展初期的情景下更为有效。研究结果表明，虚拟开源社区中的管理风格确实会影响成员保留和持续参与行为，但这种影响显著受到背景因素的调节，如群组规模、结构、成熟度，以及环境不确定性等[52]。

相比国外学者的关注，国内学者对虚拟社区中用户持续贡献行为的探索起步较晚。例如，金晓玲等在网上问答社区中运用实证研究方法，研究了用户持续回答问题的意愿的影响因素，结果发现，声誉、学习和获取知识的能力对持续贡献知识意愿存在正向影响，同时积分调节了这一影响过程，具体而言，积分等级高的用户，用户持续贡献知识更多地受到声誉影响，而积分等级低的用户，更多的是为了提升学习和获取知识的能力[58]。贺爱忠和李雪运用扎根理论在小米手机社区中对社区成员持续参与行为形成的动机演变机制进行探索，研究结果表明，用户的持续参与行为是成员动机在外部情境因素影响以及个体心理需求获得满足后不断内化形成的[59]。万莉和程慧平在自我决定理论的基础上探索了内部动机和外部动机对用户在虚拟社区中的知识质量、贡献意愿和持续贡献意愿的差异影响。通过结构方程模型进行实证研究发现，外部动机和内部动机均对知识贡献意愿和知识质量存在影响，用户的知识贡献意愿与满意度促进了用户持续贡献意愿[60]。原欣伟等基于"认知—情感—意动"理论视角，从社区信息、网站特性以及个体和群体三个方面探索在线用户社区成员认知因素对其社区持续参与意愿的影响。通过问卷调查的方法在某智能手机在线社区发放 329 份有效问卷，并应用结构方程模型进行假设验证。研究结果发现，社区信息与网站特性方面的感知信息质量、感知网站互动性以及个体层面的感知自我效能、感知社会提升，通过社会临场感、社会认同感两种情感变量的中介作用对社区成员的持续参与意愿产生积极影响[53]。李力在自我感知理论和一致性原则的基础上，构建了虚拟社区成员持续知识搜寻意愿和持续知识贡献意愿的关系模型，通过问卷调查收集 220 份有效问卷，问卷调查发现，持续知识搜寻意愿正向影响成员的乐于助人、互惠性，进而促进用户持续知识贡献意愿[61]。刘怡均基于扎根理论发现，平台服务载体、需求情境因素、个体典型特征、过程体验评价等因素是影响在线学术社区用户持续参与行为的关键因素[62]。陆泉等利用生存分析法对在线慢病社区用户持续参与行为进行研究，研究发现发帖者寻求信息支持、陪伴支持、情感支持对该用户持续参与有正向影响，而提供信息或情感支持的发帖对用户的持续参与没有显著影响[63]。张薇薇和蒋雪通过深入访谈在线健康社区用户，采用扎根理论方法对用户持续参与动机的演变机理进行了解析，研究表明，在初始参与阶段，感知社区质量、感知社区同伴支持和感知收益等外在动机驱动了用户参与，同时，用户初始参与产生的积极情绪使得用户外在动机产生内化，逐渐形成三种内在动机[67]：健康能力感知、自主性感知、关联性感知，从而用户会产生持续参与动机。李丹妮和黄静从信息质量视角切入，通过采集在线帖子内容，研究了虚拟品牌社区中回帖信息的相关性、及时性、频次和详尽度对求助者后续社区参与行为的影响，结果表明，对于资深用户的求助者而言，回复相关性影响更大，而对于新用户的求助者而言，及时性和频次影响作用更大，信息详尽度没有显著影响作用[64]。廖俊云等主要关注虚拟品牌社区的信息价值和社交价值对消费者持续贡献行为的研究，研究表明，信息价值主要通过社区满意影响消费者未来参与品牌社区的行为，而社交价值主要通过社区认同影响消费者的持续行为；进一步地，品牌知识在这个过程中负向调节了信息价值和社区满意度间的关系却正向调节了社交价值与社区满意度间的关系[65]。赵文军等结合感知价值和信息采纳后行为两个理论，对社交问答社区中用户持续参与意愿的产生机理进行了研究，通过结构方程模型分析发现，社会价值、信息价值和情感价值主要通过用户满意和有用性感知两个构念积极影响用户的持续参与意愿[66]。

1.3.2.2 虚拟社区用户初始贡献行为的影响因素

通过检索文献发现，现有研究中对用户初始贡献行为专门研究的非常少，虽然学者们提出将用户贡献行为区分为初始贡献和持续贡献的重要性，但现有研究主要关注对持续贡献行为的探索，这方面也取得了丰富的成果。

Ridings 和 Gefen 通过动机理论对虚拟社区中的用户初始贡献行为进行了探索性研究，发现用户自身的动机，如为了信息交换、社会支持、社会交往

（友谊）等影响用户的初始贡献[25]。也有学者提出用户初始贡献行为的影响因素，可以参照以往对广义用户贡献行为影响因素的研究成果。张薇薇和蒋雪通过深入访谈 41 名在线健康社区用户，采用扎根理论方法对用户持续参与动机的演变机理进行了解析，研究表明，在初始参与阶段，感知社区质量、感知社区同伴支持和感知收益等外在动机驱动了用户参与，同时，用户初始参与产生的积极情绪使得用户外在动机产生内化，逐渐形成三种内在动机：健康能力感知、自主性感知、关联性感知，从而用户会产生持续参与动机[67]。姚志臻和张斌基于在线健康社区，探索社区成员从潜水者向贡献者转化的影响因素，他们提出了激励机制下用户之间、用户与平台之间两类有限理性的博弈模型，进而求解均衡稳定策略，结果发现，发帖收益系数、其他用户贡献的知识量以及情感对用户贡献行为的转化有积极影响，而发帖成本、隐私成本以及读帖收益系数有负面影响[68]。但关于广义用户贡献行为的研究没有基于用户初始贡献行为的特征进行分析，因此研究视角集合了用户初始贡献与持续贡献结合的影响因素。

1.3.2.3 虚拟社区中未分类的用户贡献行为的影响因素

Dholakia 等构建了一个用户需求目标为自变量，由群体规范、相互理解和社会认同组成的一类社会影响变量为中介变量，用户贡献行为为结果变量的研究模型[42]。实证阶段，选取七种不同类型的虚拟社区，即邮件列表、网站公告栏（即在线论坛）、新闻组（Usenet）、实时在线聊天系统、网络聊天室、多人虚拟游戏、多用户计算机会议系统作为样本来源，通过问卷调查收集数据。研究发现，前置变量对因变量参与行为的解释程度为 24%。Shen 和 Khalifa 构建了一个外部动机和内部动机为自变量，社区参与为因变量，并且意识临场感、情感临场感和认知临场感为动机变量的前置因素的研究模型。在四个相似的在线论坛中通过在线调研的方式获得研究数据，研究结果发现，模型对因变量的解释程度为 33.9%[17]。Nov 等构建了内（外）在动机和使用时间对四种社区参与行为的影响模型。作者将参与行为分为照片分享、设置标签、一对一交谈以及参加小组活动四种，实证研究发现，自变量对照片分享行为的解释程度是18.2%，对设置标签行为的解释程度是17.7%，对一对一交谈行为的解释程度为16.9%，对参加小组活动行为的解释程度为25.7%[69]。Chiu等通过整合社会认知和社会资本理论，对用户在实践社区（Community of Practice）中的知识贡献行为的动机进行了分类分析，构建了社会资本的结构维（社交互动连接）、关系维（信任、互惠性、认同）、认知维（共同语言、共同远景）；个人结果期望和社区相关结果期望对用户知识贡献行为影响的整合模型。实证研究发现，模型中的知识贡献数量被解释程度为17%，而知识贡献质量被解释程度达到64%[5]。Ray等构建了一个以社区敬业度（Community Engagement）为核心中介变量的模型，该模型将知识自我效能、自我身份证实、社区认同作为前置变量，社区敬业度和满意度作为中介变量，知识贡献作为结果变量。实证研究结果发现，研究模型对因变量的解释程度达到57%[70]。

Benlian和Hess从信号理论视角，在虚拟社区中构建了一个技术—信任—参与的研究模型，将用户对IT因素的感知作为自变量，人际信任和系统信任作为中介变量，用户参与作为结果变量，通过在线调研方法获取数据，实证分析发现，人际信任和系统信任对因变量的解释程度达到47%。其中，用户对IT因素的感知具体包括可用性、透明性、质量可靠的内容、安全性和隐私性[71]。Cullen和Morse研究了基于人格的大五模型，构建了人格特征对虚拟社区贡献行为的影响模型，通过问卷调查的方式收集数据，实证分析结果发现，对于女性成员来说，外向性特征的人更少在线提问，神经质特征的人更少地提出问题或寻求友谊，随和性特征的人不太可能提供意见，责任性特征的人不太可能寻求友谊或提供意见。对于男性成员来说，外向性特征的人不太可能寻求友谊，神经质特征的人不太可能提供意见，随和性特征的人不太可能寻求友谊，责任性特征的人不太可能找到归属感或寻求友谊，开放性特征的人不太可能提出问题[72]。Casaló等整合技术采纳模型、计划行为理论和社会认同理论，在企业主导的在线旅游社区中构建了感知有用性、感知易用性、认同和感知行为控制为自变量，态度、主观规范为中介变量，用户参与意愿为结果变量的研究模型。实证研究结果发现，模型解释了用户参与意愿 59.3% 的程度，并且态度（0.350）和感知行为控制（0.471）对用户参与意愿的影响程度远大于主观规范（-0.087）[73]。

Yen 等在虚拟消费社区（Online Communities of Consumption）背景下基于组织公民行为理论，将顾客参与分为角色内参与和角色外参与两种类型，其中，角色内参与包括用户遵守特定社区中的协议和规范，角色外参与包含推荐、帮助他人和提供反馈。通过问卷调查的方式收集了来自 10 个消费型社区用户的 484 份问卷，然后使用结构方程模型对数据进行分析，实证研究结果发现，虚拟社区管理有效性、合作规范、技术准备水平均对角色内和角色外参与行为产生影响，但角色内行为主要受到虚拟社区管理有效性的影响，角色外参与更多地受到感知收益（自我提升、奖励、问题解决性支持）的影响。此外，社区管理有效性还积极影响合作规范和感知收益。模型中前置变量对角色内参与的解释程度达到 40%，对角色外参与的解释程度达到 57%[74]。

1.3.3 虚拟社区用户贡献内容的相关研究

用户贡献内容是用户贡献行为的产物。虚拟社区中用户贡献内容（User-Generated Content，UGC），也被翻译为用户生成内容。在社交媒体时代，用户不再是信息的被动接收者，而是作为内容的生产者和传播者，进行信息共享、内容创作以及贡献等行为。很多学者在对用户贡献内容的定义中强调了 UGC 的用户自创造这一基本特征。例如，Krishnamurthy 和 Dou 提出 UGC 是由互联网用户根据有关自己的经历所表达的对于企业、品牌或产品相关的使用经验、意见建议等，主要表现形式如文字、图片或视频等，这些内容主要出现在论坛或者博客等公众讨论平台中[75]。同时，Casoto 等也强调，UGC 是由非专业人员原创、出现在公共讨论平台的内容[76]。此外，Ochoa 和 Duval 在对 UGC 的界定中，强调了该定义的边界应该只包括在互联网上的内容，这些内容是由用户原创的与某一主题相关的内容，同时指出，虽然一些互联网监管者可能会对用户的创造内容进行检查和过滤，但这并不影响绝大多数原创内容的分享与呈现[77]。Daugherty 等指出，UGC 中业余的人和那些被聘用的人一样享有平等的权利[78]。

基于虚拟社区的不同种类，UGC 有多重表现形式，例如，化妆品交流社区中的在线评论、在线评级，患者交流论坛中的经验交流，学术交流论坛中的统计学知识分享，问答社区中的提问与回答等。目前，在 UGC 方面已经形成了相当数量的研究成果，研究方向主要集中在三个方面：UGC 的质量和有用性、UGC 的影响结果，以及 UGC 的前因。

首先，在 UGC 的质量和有用性方面，Mudambi 和 Schuff 探索了影响评论有用性的因素，发现评论深度对有用性具有正向影响，产品类型（体验产品和搜索型产品）在评论深度和评论极性对评论有用性的影响关系中存在调节作用[79]。Wu 等通过两个实验调查了表情符号含义多重性对评论有用性的影响，研究发现，多义表情符号导致感知的帮助较小，但用户对表情符号的专业知识会缓和这种效果，此外，处理流畅性起着中介作用，解释了表情符号含义的多重性和感知的评论有用性之间的关系[80]。Ruiz - Mafe 等探索了情绪、eWOM 质量和在线评论顺序对消费者遵循数字服务建议的意愿的影响，他们发现，评论顺序对在线信息线索和情绪对遵循从 Tripadvisor 获得建议的意图的影响存在偏差影响。当餐厅的在线评论以正面评论开始时，与以负面评论开始时相比，他们感知到的说服力更能激发在线评论带来的愉悦和兴奋。另外，只有当用户先阅读负面评论，然后阅读正面评论时，在线评论的感知有用性才会触发唤醒[81]。Lu 和 Rui 研究了在线医患社区中，患者的评级是否与医生的真实能力一致，研究发现，患者贡献的在线评级可以有效反映医生的医疗水平[82]。金燕和闫婧关注在线平台 UGC 质量差的问题，开发了基于用户信誉评级的

UGC 质量预警模型，该模型基于用户历史信息活动记录中有关 UGC 创建、转发和评论活动，从个人层次上建立信息行为动态信誉评级方法来评估用户未来贡献 UGC 内容的质量，以帮助平台精准管理网民 UGC 贡献活动[83]。郝媛媛等发表在《管理科学学报》上的研究，基于电影点评数据建立了在线评论有用性的影响因素模型，对现实环境中的在线影评数据进行分类预测结果表明，在线电影评论中较长的平均文本长度、较高的正负情感混杂度、较高的主客观表达混杂度等是影响在线评论有用性的关键因素[84]。马超等在旅游网站中关注在线评论有用性的识别研究，采用机器学习与深度学习方法对旅游产品的真实在线评论数据（包括文本和图片）进行内容识别，构建多模态在线评论有用性分类模型，实验结果表明，图文结合的评论比仅有文本或图片的评论显示出更高的有用性程度[85]。

其次，在 UGC 的影响结果方面，UGC 可以影响多种结果变量，如个体行为、市场表现、社会网络的形成等。例如，Park 等研究发现，在线评论的数量对消费者的购买意愿产生积极影响[86]。Trusov 等发现，电子口碑对于社交网络中用户的获得具有积极影响。除 UGC 的数量，先前的研究还探索了在线评论的多个侧面对结果变量的影响，如 UGC 的文本特征，包括主客观性[87]。例如，Liu 等探索了电子口碑表达的主观性和客观性对不同情境下购买行为的影响，发现主观性的内容能更有效地提升男性消费者对享乐型产品的购买意愿以及女性消费者对功能性产品的购买意愿[88]。Yan 等对在线医疗社区研究发现，来自其他患者的积极评论对患者的感知治疗效果存在负向影响[89]。Tajvidi 等研究发现，社会化信息分享、社会支持和关系质量能够积极影响品牌共创，但隐私担忧抑制了社会化分享影响的程度[90]。Lee 等发现，Facebook 好友的点赞数量能够促进产品的销售绩效，但影响程度受产品类型和订单特征的调节[91]。

最后，在 UGC 的前因方面，学者们研究了影响 UGC 内容产生的影响因素。具体而言，个体因素、社会因素以及技术环境等因素影响用户分享口碑内容，消费者间的社交距离和商家对推荐奖励分配的公平性，影响用户对商家的推荐。翟志倬以 Keep 运动健康社区为例，基于技术接受模型提出 UGC 生产行为受到用户个人、平台环境因素和形象经营因素的显著影响[92]。秦敏和李若男引入了刺激—机体—响应（S-O-R）理论作为总体框架，从在线社交支持理论和自我决定理论两个经典理论的角度出发，提出了虚拟社区中用户贡献行为形成机制模型。基于 398 份在线社区用户问卷调查数据，研究结论显示，在线社交支持，包括在线信息支持和在线情感支持这两个变量，直接正面影响用户贡献行为这一变量，而在线社交支持，包括在线信息支持和在线情感支持，可以通过显著影响归属感和能力感这两个变量，对用户贡献行为产生显著间接影响，进一步的中介检验证明了归属感和能力感两者在中介作用中发挥了重要作用[93]。

　　基于以上总结，本书发现，尽管研究成果涉及的领域非常广泛、研究问题比较分散，但学者们对 UGC 自身的关注主要集中在：①UGC 呈现出的定量特性，如在线评级（积极与消极）和评论数量[94-98]；②UGC 的文本特征，如文本的主、客观性。因此，本书也选取这几个方面，探究社会线索如何影响虚拟社区中 UGC 的表现，即 UGC 的数量、UGC 的质量（主客观性、文本长度），以及 UGC 的情感属性（积极与消极）。

1.3.4　社会线索的相关研究

　　社会线索的研究最开始来自通信传播领域。社会临场感概念的提出是为了衡量传播媒介传递社会线索的能力。传统上的面对面（Face-to-face）交流被认为是传递社会线索最为全面的沟通媒介。在一个传播媒介中，社会线索包括语言线索和非语言线索。非语言线索在人际沟通中具有重要作用，通过传递非言语线索而引起他人的有力反应，比如微笑、身体姿势、目光接触、点头、音调等都可以帮助沟通双方更好地理解对方。有研究者提出，事实上，面对面沟通中有超过 50% 的信息是通过非语言线索传递的。随着信息技术和互联网的快速发展，出现了更多样化的沟通媒介，如视频会议、电话、网络直播、电子邮件、虚拟社区等。这些沟通方式，有的是同步式的沟通，如视频、电话和网络直播；有的是异步式的沟通，如电子邮件和绝大多数的虚拟社区。实践中，有的虚拟社区已经加入了即时聊天的功能，像汽车之家社区中加入了"车友圈"的小组畅聊功能，允许圈子成员实时联络；而有的虚拟社区还没有即时聊天这样的功能，成员主要通过留言—回复的形式完成沟通交流。本书主要专注于虚拟社区环境下社会线索相关功能的影响作用，而社会线索与社会临场感紧密相关，因此，该部分对社会线索的文献梳理会涉及一些社会临场感方面的文献。

虚拟社区中的社会线索对于塑造用户的社会临场感具有重要作用[99,100]。现有文献中关于社会临场感的影响因素研究成果充分证实了社会线索的重要地位。本书从社会临场感的影响因素相关的文献回顾入手，对于可能存在的关键社会线索进行总结分析。在社会临场感理论发展的初期，学者们认为媒介类型决定了沟通过程中社会线索的传递，将社会临场感作为反映媒介质量的指标。由于不同的媒介提供了有差别的语言线索或非语言线索，个体为了实现沟通的有效性，可以选择媒介的社会临场感水平与其沟通任务与需求相匹配的种类。例如，面对面的沟通，以及电话会议沟通的不同媒介类型是影响社会临场感程度的因素。后来，有些学者提出，同一个媒介的社会临场感水平并不是一成不变的，随着用户使用时间的增加，用户对媒介的社会临场感动态变化，在这方面文献［101］以及文献［102］采用实验的方法进行了研究，证实了这一观点。例如，在缺乏非语言线索的媒介环境中，媒介使用者可以通过使用生动的表情符号进行表达，以弥补非语言社会线索的缺乏，这提高了用户感知到的社会临场感体验。Walther 进一步提出，以计算机为中介的沟通环境中，沟通双方通过足够时间的互动也可以实现如面对面沟通形成的亲密感，这种亲密感可以提升用户在计算机媒介中的社会临场感感知[103]。所以说，媒介提供的交互性特征是影响用户社会临场感程度的关键社会线索。

关于交互性特征对社会临场感的影响，Fortin 和 Dholakia 探索了广告媒介的交互性程度（高、中、低）和生动性程度（高、中、低）对用户社会临场感的作用，通过3×3的因子实验设计了9种实验情景，研究发现，广告内容在中等水平下的交互性时，影响程度最大，用户的社会临场感不随交互程度的增大而提高，而受生动性程度的正向影响，即生动性越高，用户的社会临场感越大[104]。Kim等针对韩国某高校大学生的样本研究发现，参与者间的交互性显著影响用户的社会临场[105]。Andel等以视频为主的在线学习社区为研究对象，研究结果表明，平台允许用户沿着在线视频的时间轴异步添加视频标记的评论和表情符号可以显著影响用户的社会临场感体验，并进一步带来更高的满意度和学习效果，对于勤奋度较低的学生效果更大[106]。除媒介的交互性特征，与人类情感特性有关的社会线索也是影响用户社会临场感建立的重要因素。例如，网站中的个性化问候[107]、人类图像和富有感情的文字[108]，以及人类的视频等[109]。Han等在对社交网站的社会临场感研究中，将社会临场感界定为用户在Twitter上感知到与人类接触、社交、温暖和敏感的程度，研究发现，社交网站的即时性特征（如即时反馈）和亲密性特征（如隐私感和回复）显著影响社会临场感[110]。此外，Kumar和Benbasat在研究中发现，亚马逊音乐网站上的其他用户推荐和评论功能可以促进网站与用户之间的心理连接关系，影响用户的社会临场感[109]。Yoo和Alavi探索了社区凝聚力（刚成立小组与有工作历史小组）和媒介的类型（音频会议与视频会议）如何影响用户的社会临场感，研究发现，群体凝聚力对社会临场感的影响胜过媒介类型[111]。Kim等还发现，用户对在线学习论坛的使用经验或知识也会影响用户的社会临场感，如用户对同步聊天、异步留言、表情符号的使用可以弥补线上老师与学生接触的真实感[105]。Tsai等发现，品牌聊天机器人的拟人化头像设计和社交临场感沟通策略可以通过准社会互动和感知对话的中介来改善消费者的评估结果，包括用户参与度、互动满意度和品牌喜爱度。此外，聊天机器人的拟人化头像设计可以增强社会临场感的积极影响[112]。表情符号象征着面对面交流期间使用的非语言提示，Boutet等研究了表情符号对情感解释、社会归因和信息处理的影响，结果表明，使用积极表情符号的发件人会被认为更热情，一致的表情符号可以增强对短信的理解；此外，一致的表情符号的存在，提高了处理速度和对口头信息的理解[113]。

综上所述，以计算机为媒介的社会线索研究主要关注交互性特征、即时性特征、亲密性特征以及与人类特性有关的社会线索。Ma 和 Agarwal 在虚拟社区中将这些社会线索归纳为有利于自我形象展示的社会线索和有利于成员即时交流和双向互动的社会线索[10]，本书基于此观点，将虚拟社区情境下的社会线索总结为印象型社会线索和交互型社会线索。其中，印象型社会相关的功能包括昵称、签名、头像、个人主页、照片等；交互型社会线索相关的功能包括评论功能、私信、在线或离线状态等。对于计算机为媒介的场景中，如果提供更多的社会线索帮助参与者提高与其他人的心理连接，对他们社会临场感的心理体验非常重要。

1.3.5　国内外研究成果评述

首先，关于虚拟社区的研究中，学者们对虚拟社区的概念和特征的观念基本一致，认为虚拟社区是一个基于信息技术支持的网络空间，核心是参与者的交流和互动，并且在参与者间将形成一种社会关系。关于虚拟社区的分类标准较多，且现有学者的分类角度包括成员心理需要、商业属性、技术等，但目前仍然没有一个被普遍接受的分类标准。不同学者对虚拟社区采用不同的分类标准主要取决于对虚拟社区的理解以及研究的侧重点。而对虚拟社区有效的分类将提高研究的准确性和针对性，本书采用 Armstrong 和 Hagel 根据成员需求将虚拟社区分为交易型社区、兴趣型社区、幻想型社区、关系型社区四种类型的分类方法[23]。

其次，目前关于虚拟社区用户贡献行为的影响因素研究是学者们重点关注的领域，学者们从社会认同理论、动机理论、社会资本理论、承诺理论、期望确认理论、观察学习理论、领导成员交流理论等众多理论视角提出了相关因素。但越来越多的学者提出，用户的贡献行为应该细分为初始贡献和持续贡献，并且两者的影响过程不同，这一观点得到学者们的普遍认同，所以国内外学者对于虚拟社区用户的持续贡献行为给予了大量关注。但对于初始贡献行为的研究还很匮乏，现有影响因素对初始贡献行为和持续贡献行为的影响过程是否不同，还没有研究进行探索。同时，现有研究对于贡献行为的研究借鉴了社会心理学的大量理论，取得了相当丰富的成果；但这些研究大都基于虚拟社区的设计特征是给定的或是不变的这一前提。后来，一些学者将这些社会心理因素与社区设计特征结合探索用户贡献行为的影响因素。Ling 等在虚拟社区中引入一个提醒"用户贡献内容是独特的"的功能特征，发现这个社区特征显著增加用户的贡献[6]。Rafaeli 和 Sudweeks 发现，虚拟社区对发帖内容的组织和传播方式会影响成员参与[7]。Subramani 发现，虚拟社区设计特征中增加用户被其他用户看到的机会增强了用户贡献的活跃度[8]，相反，阻碍用户能见度（Visibility）的技术特征降低了用户贡献的意愿[9]。但这些对虚拟社区技术特征与用户贡献行为关系的研究缺少系统性，还没有研究对虚拟社区的技术特征以及用户使用这些技术特征的心理体验进行关注，而虚拟社区中的社会线索功能是影响用户互动交流最为关键的技术特征，对其关注有利于更好地探明用户贡献的产生机制。

最后，关于社会线索的相关研究中，主要对社会临场感领域中的社会线索相关成果进行梳理，作为关注通信媒介社会线索缺乏问题的主要理论，社会临场感领域的学者探索了通信媒介中的社会线索种类和作用，尤其是社会线索是用户沟通过程中的社会临场感形成的重要前因变量。现有学者认为，在通信媒介中，对沟通过程中形成沟通双方社会临场感的社会线索主要包括与人类特性有关的社会线索、交互性、即时性和亲密性特征。Ma 和 Agarwal 在虚拟社区中将这些社会线索归纳为有利于自我形象展示的社会线索和有利于成员即时交流及双向互动的社会线索[10]，这为本书提供了社会线索的分类和提取视角。

通过以上分析可以看出，一方面，关于虚拟社区和用户贡献相关研究已经积累了很多年，现有的文献较为丰富，学者们从多个视角探索了用户贡献行为的影响因素与影响结果。然而，已有研究忽视了虚拟社区的技术环境的变化性，较少有研究从技术环境角度探索影响虚拟社区成员贡献行为的关键变量。另一方面，来自通信领域和人际互动领域的社会临场感理论为虚拟社区社交线索功能的设计提供了很好的理论视角，尤其是随着 Web 2.0 技术的发展，社交媒体平台快速发展，用户对在线互动体验的要求越来越高，而基于异步媒介环境的虚拟社区如何设计技术环境显得更加迫切。但是，当前还没有研究对虚拟社区中的社会线索对用户贡献行为的影响进行过深入的分析，并且在此基础上对虚拟社区社会线索的改变条件下用户贡献内容如何变化的研究也很缺乏，这正是本书所要解决的问题。本书研究将为虚拟社区运营商和系统设计人员提供有益的指导，并对未来相关领域的研究提供新的方向和思路。

1.4　研究内容与思路

1.4.1　研究内容

本书以虚拟社区为研究对象，综合运用多种定量研究方法，包括结构方程模型、固定效应回归、双重差分分析等计量经济学方法进行实证研究，系统揭示了虚拟社区中社会线索对用户贡献意愿的影响机制，以及对用户贡献行为的影响效果。本书拟进行以下四个方面的内容研究：

（1）虚拟社区中社会线索对用户初始贡献意愿的影响研究。该部分主要基于社会临场感理论和信任理论，探索印象型社会线索和交互型社会线索对用户初始贡献意愿的影响机制。本书通过问卷调查的方式收集研究数据，采用结构方程模型方法对两种社会线索、社会临场感、信任和用户初始贡献意愿的关系模型进行了检验。结果表明，研究模型对初始贡献意愿具有61.4%的解释程度，说明了本书所构建概念模型的可靠性，可以较好地阐释虚拟社区中两种社会线索对用户初始贡献意愿的影响机制。

（2）虚拟社区中社会线索对用户持续贡献意愿的影响研究。该部分基于社会临场感和心流理论研究印象型社会线索和交互型社会线索对用户持续贡献意愿的影响机制。本书通过问卷调查的方式获得研究数据，采用结构方程模型方法两种对社会线索、社会临场感、信任、心流体验和用户持续贡献意愿的关系模型进行了检验。研究结果表明，整个模型解释了持续贡献意愿54.5%的变动方差，模型具有较好的可靠性，可以阐释虚拟社区中社会线索对用户持续贡献意愿的影响机制。

（3）基于身份标识的印象型社会线索对用户贡献行为的影响研究。该部分研究虚拟社区中引入身份标识的印象型社会线索对用户贡献的数量与质量的影响。在虚拟社区中，身份标识功能用来区分用户的虚拟身份，以显示用户在社区中的不同地位。本书利用某虚拟化妆品交流社区中的面板数据，通过固定效应回归分析和一系列稳定型检验，最终获得了基于身份标识的社会线索与用户贡献的数量之间的因果关系。研究发现，基于身份标识的印象型社会线索带来了用户贡献数量的增加，但对用户贡献内容的情感属性变化没有影响。

（4）基于信息披露的交互型社会线索对用户贡献行为的影响研究。该部分研究虚拟社区中引入信息披露的交互型社会线索对用户贡献的数量与质量的影响。本书利用某虚拟医疗社区中的客观数据，当社区中加入一项信息披露的交互型社会线索如何影响患者贡献在线评论的数量和质量（包括文本的积极性/消极性、主观性/客观性）。利用准实验设计结合倾向值匹配和双重差分分析方法实证研究发现，基于信息披露的交互型社会线索可以使医生和平台受益于更多的患者贡献内容，也可以刺激患者产生更多的主观内容和更积极的情感内容，但该交互型社会线索对客观内容和消极情绪内容没有显著关系。

1.4.2 研究思路

基于对研究背景、研究问题以及对国内外虚拟社区用户贡献研究现状的梳理分析，本书将用户贡献意愿细分为初始贡献与持续贡献，并从数量和质量两个维度探索用户的贡献行为。在综合考虑虚拟社区的技术环境，以及影响用户贡献活动的相关因素时，本书提出了印象型和交互型社会线索的构念，构建了社会线索与用户贡献意愿及行为的影响模型，以此解释用户贡献行为规律，为虚拟社区平台的运营者设计平台技术特征提供理论依据。本书总共包括六章内容，全书的研究思路及逻辑关系如图 1-3 所示。每章的具体内容包括：

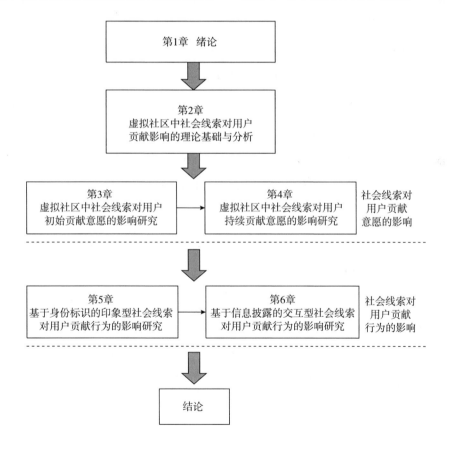

图 1-3　本书的研究思路及逻辑关系

第1章是绪论。本章阐述了虚拟社区用户贡献行为相关的理论背景和现实背景，首先提出本书的研究问题，并对本书的研究目的和意义进行总结介绍；其次对国内外相关的研究成果进行梳理分析，包括虚拟社区、虚拟社区用户贡献行为、虚拟社区用户贡献内容、社会线索和社会临场感方面的研究成果，从而发现研究中的现状和不足；最后对书中的研究内容、方法与技术路线进行介绍。

第2章是虚拟社区中社会线索对用户贡献影响的理论基础与分析。首先对本书涉及的关键概念进行界定，包括虚拟社区、用户贡献行为、用户贡献内容、印象型与交互型社会线索。其次对每个研究需要的理论进行介绍和分析，包括社会临场理论、信任理论、心流理论、社会助长理论、匿名性理论。最后提出本书的研究框架。

第3章是虚拟社区中社会线索对用户初始贡献意愿的影响研究。首先基于社会临场感理论和信任理论，对社会线索对社会临场感、社会临场感对用户初始贡献意愿、社会临场感对信任、信任对用户初始贡献意愿之间的关系进行理论推理，提出研究模型。其次通过问卷调查收集数据，采用结构方程模型对研究模型进行了验证。最后对研究结果进行了分析与讨论。

第4章是虚拟社区中社会线索对用户持续贡献意愿的影响研究。首先基于社会临场感理论和心流理论，对社会线索、社会临场感、心流体验、信任和用户持续贡献意愿的关系进行了理论分析，构建了研究模型。其次通过问卷调查收集数据，采用结构方程模型对研究模型进行了验证。最后对研究结果进行了分析与讨论。

第5章是基于身份标识的印象型社会线索对用户贡献行为的影响研究。虚拟社区中引入身份标识功能，提高了获得身份标识的领袖用户在社区的社会临场感，这种社会临场感激励机制通过社会助长理论的观众效应，对用户贡献的数量和质量产生影响。本章通过利用某化妆品交流社区的身份标识功能的推出，研究了干预前后的用户贡献行为的变化，并通过一系列稳健性检验，获得了具有较高可靠性的研究结果，最终对研究结果进行了分析与讨论。

第 6 章是基于信息披露的交互型社会线索对用户贡献行为的影响研究。基于社会临场感理论，本章探索了虚拟社区中上线一个让用户感知信息披露的社会线索后，如何影响用户贡献的数量，以及用户贡献的情感属性和主客观性，并提出了研究模型；实证分析阶段，在某在线医疗社区中通过该干预事件，设计了准实验，并通过一系列计量分析模型，获得了可靠的自变量与因变量之间的因果关系，最终对研究结果进行了分析与讨论。

1.5 研究方法与技术路线

1.5.1 研究方法

本书以行为导向的实证研究范式，基于理论驱动开展虚拟社区中的用户贡献行为的相关实证研究，各个研究的推进路径是先通过已有文献或理论提出研究假设，然后收集用户在社区中的行为数据对研究假设进行检验，最后对实证结果进行分析，并从中归纳出重要结论。本书的研究具有多学科交叉的特点，涉及管理学、社会学、计算机科学和心理学。本书用到的研究方法包括：

（1）文献研究法。文献研究法，又称文献综述法或文献调查法，是一种系统性的研究方法，通过收集、分析和综合已有的书籍、期刊文章、研究报告、学位论文和其他已发表的文献，以探索特定主题、问题或领域的现有知识、观点和研究进展。文献研究法的优点包括：提供了一种成本相对较低的研究方法，可以帮助研究人员建立知识背景、引导研究问题、选择合适的方法和理论框架，促进对研究领域的全面了解。然而，它也存在一些挑战，如文献的可用性、文献选择的主观性和文献综合的复杂性等。

本书在以下方面采用了文献研究法。首先，在了解研究背景与界定研究问题方面，通过文献研究，笔者可以较为系统全面地了解虚拟社区、用户贡献、社会线索、社会临场感等领域的现状和相关研究。这有助于确定研究的合理性和独特性。并且文献研究有助于帮助笔者明确定义研究问题，确定研究的范围，并确定哪些方面需要更深入的研究。其次，理论框架和方法选择方面，通过文献研究，笔者可以寻找和选择适当的理论框架或概念模型，以指导他们的研究，还可以帮助确定研究方法，包括数据收集方法、样本选择和数据分析技术，以满足研究目标。本书通过对国内外关于虚拟社区用户贡献行为与社会线索相关的文献进行了系统的梳理，总结了现有学者的研究成果，并找到其中的不足，从而形成本书的研究问题。

（2）归纳演绎法。归纳演绎是理论推理的主要方法，是开展科学研究的逻辑思维方式[114,115]。它主要包括两个部分：归纳（Induction）和演绎（Deduction），其中，归纳是从一组具体的观察、案例、数据或事实中提炼出一般性规律或原则的过程。在归纳过程中，人们收集、观察和分析大量具体的实例，然后从这些实例中总结出普遍的规则、模式或原则。这些一般性规律可以用来描述或解释特定情况，并为进一步的推理提供基础。归纳不是基于严格的逻辑推理，而更依赖于观察和经验。演绎是一种从一般性原则或前提出发，推导出特定结论或应用到具体情境的过程。演绎推理通常基于严格的逻辑规则，从已知的前提或假设中得出必然的结论。这种方法强调逻辑的严密性和准确性，可以确保结论是合理的和可信的。

归纳演绎法通常在科学研究中用于不同的目的：归纳可用于生成假设或理论，通过观察和收集数据来发现模式和趋势，然后提出一般性规律。演绎通常用于验证或测试已有的理论或假设，通过逻辑推理来确定特定情况下的结论是否符合已知的规则。这两种方法通常相辅相成。科学研究的过程通常始于归纳，通过收集和分析数据来产生理论或假设，然后使用演绎验证这些理论或假设是否成立。总的来说，归纳演绎法是科学研究和逻辑思考的关键组成部分，它们有助于研究人员发现新的知识、验证假设并推进科学领域的进展。本书主要通过归纳演绎法对文中的关键概念进行界定，并在原有理论的基础上，推导出虚拟社区中各个构念之间的逻辑关系，从而形成理论模型，提出研究假设。

（3）问卷调查法。问卷调查法（Questionnaire Method）是一种广泛使用的研究技术，用于从个人或团体中收集结构化数据[116]。方法设计一组问题，受访者回答这些问题以提供关于研究主题或感兴趣主题的各个方面的信息。这种方法通常在社会科学研究、市场研究和其他各种领域中广泛使用，以收集定量和定性数据[117,118]。本书在验证虚拟社区社会线索对用户初始和持续贡献意愿的影响机制的两个研究中，采用问卷调查收集研究数据。

问卷调查法的优点：有效收集大量受访者的数据；允许进行结构化数据收集，适用于统计分析；提供数据收集和回答的一致性；相对于其他数据收集方法可能更具成本效益。本书在第 3 章和第 4 章验证虚拟社区中社会线索对用户初始和持续贡献意愿的影响机制的两个研究中，将采用规范的问卷调查法收集并分析研究数据。

（4）文本分类法。文本分类法（Text Classification）是一种自然语言处理（NLP）技术，涉及根据文档内容为文本文档分配预定义的类别或标签的过程[119]。这是一种监督式机器学习形式，其中算法从带有标签的训练数据中学习，以便将文本文档分类到一个或多个预定义的类别中。本书在第 5 章和第 6 章对虚拟社区中用户贡献内容的情感属性和主客观性进行测量的过程中，使用了文本分类方法处理所采集的在线互动文本数据。

（5）实证研究法。实证研究法（Empirical Study）是相对于理论研究方法（Theoretical Study）而言的研究范式，也称为经验研究[120,121]。实证研究是一种用于收集和分析来自实际观察或经验的数据或证据，以回答特定研究问题或测试假设的研究方法。这种方法依赖于系统地收集和评估数据以得出结论，而不仅仅依赖于理论或猜测。经验研究广泛应用于各个学科，包括社会科学、自然科学、心理学、经济学等。进行实证研究主要包括以下步骤：①研究问题或假设：研究以明确定义的研究问题或假设开始，这个问题引导研究并定义了其范围。②数据收集：研究人员通过系统的观察、实验、调查、访谈或其他方法收集数据，具体取决于研究的性质，收集的数据应与研究问题相关。③数据分析：在数据收集后，研究人员使用统计或分析技术分析数据，这种分析有助于识别数据中的模式、关系和趋势，并提供对研究问题的答案。④结果和发现：数据分析的结果通常以结构化的方式呈现，使用表格、图表、图形和统计指标。这些发现有助于传达研究的关键结果。⑤结论和讨论：研究人员根据对经验数据的分析得出结论。他们评估数据是否支持或反驳了最初的假设或研究问题；研究的结果被解释、讨论，并放置在现有文献和理论的背景下；研究人员探讨研究结果的意义，并可能识别研究的局限性。

本书的所有研究均遵循实证研究要求的范式开展，即提出理论假设、收集数据、分析数据、验证假设、结论和讨论研究结果，具体的数据分析方法主要采用结构方程模型、固定效应回归模型、倾向值匹配方法、双重差分分析方法对研究假设进行实证检验。

1.5.2 技术路线

本书将按照如图1-4所示的技术路线展开研究。该技术路线图中详细描述了开展虚拟社区中社会线索对用户贡献的影响研究，包括六个阶段，分别对应本书的第1~6章；每一阶段所要解决的问题不同，相应采用的研究方法也不同。

理论基础和研究方法　　　　　　研究内容结构　　　　　　　解决问题

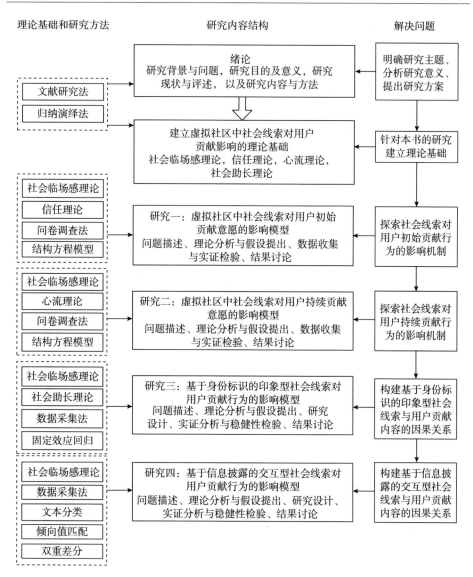

图1-4　本书技术路线

第2章 虚拟社区中社会线索对用户贡献影响的理论基础与分析

2.1 相关概念的界定

2.1.1 虚拟社区的概念与类型

Rheingold 最早提出了虚拟社区的定义，用来表示基于计算机网络形成的社会群体，成员之间相互交流、分享各自的知识及经验，从而形成一定程度的熟悉并相互关心，最终产生在线空间内的个人交互关系[18]。之后不同学者从各自角度对虚拟社区的概念进行了定义。本书在 Hagel[19] 的基础上，将虚拟社区界定为：由一群拥有共同兴趣、目标或经历的人聚集在一个网络空间内，相互分享信息和知识，形成的一种在线社会关系。从这个定义可以看出，虚拟社区主要包括以下几个要点：①虚拟社区是以网络为媒介的，这也是与现实社区最根本的区别所在；②社区成员具有相同的兴趣目标或需求；③社区成员通过持续互动交换知识、信息，最终形成在线空间内的社会关系。Armstrong 和

Hagel[23] 根据成员的需求不同将虚拟社区分为兴趣型社区、关系型社区、幻想型社区和交易型社区，如表 2-1 所示。

表 2-1　本书所关注的虚拟社区类型

社区分类	成员目的	是否研究
兴趣型社区	主要为了某种兴趣的交流	√
关系型社区	主要为了进行交流沟通从而建立个人关系	√
幻想型社区	主要为了角色扮演，以暂时忘掉现实	×
交易型社区	主要为了商业交易和货物销售	×

本书关注的用户贡献活动是用户自愿的、没有报酬的情况下在虚拟社区中的参与行为。因此，虚拟社区成员的贡献对贡献者本身并没有明显好处，而行为者却自觉自愿给行为受体带来利益的一类行为。幻想型社区和交易型社区不依赖个体成员的亲社会行为获得成功，因为人们参加幻想型社区主要是为了角色扮演，以让自己暂时忘掉现实，这种类型的社区主要以游戏为导向；而交易型社区（如淘宝、京东、亚马逊）主要是为了实现自己的商业交易和货物销售。因此，本书的研究对象是兴趣型社区和关系型社区。其中，兴趣型社区主要是以兴趣为基础，一般仅限于某一种兴趣的社区；关系型社区主要是以网络为交流工具，成员在网络空间中交流沟通从而建立个人关系的社区。值得说明的是，近几年交流型的直播平台类社区虽然属于兴趣类社区，但由于其中的用户可以通过直播获取直接的经济报酬，不属于本书的研究范围，本书仅关注兴趣型社区和关系型社区中用户自愿且没有报酬的贡献活动。

2.1.2　虚拟社区中的用户贡献

关于虚拟社区中的用户贡献研究，包括用户的贡献意愿和用户的贡献行为两部分。结合前文对用户贡献的文献梳理结果，本书将虚拟社区用户贡献意愿细分为初始贡献意愿和持续贡献意愿。其中，虚拟社区中用户的持续贡献意愿是指：在未来的一段时间内，用户将继续在虚拟社区中发帖、回帖，分享知识或信息的行为意愿；用户的初始贡献意愿是指：用户在社区中首次开始发帖、回帖，分享知识或信息的行为意愿。初始贡献与持续贡献存在紧密的关系，一方面，用户的初始贡献是持续贡献发生的基础；另一方面，用户持续贡献新的信息或知识保证了社区内新内容的不断增长，以吸引更多的用户在本社区的初始贡献行为。从用户在社区中进行贡献行为的过程上来看，用户初始贡献很有可能需要进行相关信息的填写，注册成功后才能在该社区发表信息或内容；用户持续贡献是取得社区成员资格后的参与，直接登录即可发表内容。但是，随着虚拟社区逐渐加入社交网络绑定登录功能（如 QQ 和微信），初次加入的用户也可以直接通过已有的社交网络账号登录虚拟社区。

Web 2.0 时代，用户既是内容的生产者也是内容的消费者。在以用户为中心的社会化媒体（Social Media）中，用户在线贡献的行为表现在用户贡献的内容，主要包括用户在网络空间中贡献的经验、信息、技能、思想观点等[38]。在对用户贡献内容的界定中，很多学者都抓住了"自创造"这一用户贡献内容的根本特点。Krishnamurthy 和 Dou[75] 与 Casoto 等[76] 认为，用户贡献内容是非专业人员通过创造性工作而产生的对其他人公开与分享的内容，他们将用户贡献内容界定为基于个人经历表达的有关产品、品牌、企业与服务的意见、建议和体验等，这些内容由消费者创造，并发布在互联网的讨论区、论坛、社群和博客等平台中，包括文字、图片、视频、音频和其他形式的媒体内容。Ochoa 和 Duval[77] 为用户贡献内容设定了一个边界，限定只有互联网上的内容才可以被称为 UGC。最终，本书将虚拟社区中的用户贡献行为定义为：虚拟社区的成员通过文字、图片、音频和视频等形式发表与分享内容的行为。

2.1.3　印象型和交互型社会线索

虚拟社区中的社会线索是网站中与社会互动有关的功能特征，用户使用这些社会线索可以向其他人传递有关自我形象和可接近性的信息。社会线索的丰富程度决定了用户在虚拟社区中的社会临场感。Ma 和 Agarwal[10] 在探索用户感知的身份证实（Perceived Identity Verification）对知识贡献行为的影响研究中，通过对众多虚拟社区的观察和总结，提取了四类可以减少用户归因偏差（Attribution Bias）的一系列技术功能特征，包括虚拟共在性、永久的账号、自我表达和深层档案，并对每个构念提供了可测量的量表。在此基础上，Shen和Khalifa[11]检验了除永久标签外的三种社区的功能特征对社会临场感的影响作用，发现虚拟共在性、自我表达和深层档案对社会临场感均具有积极影响，充分证实了虚拟社区中的虚拟共在性、自我表达和深层档案三种技术功能特征是社会临场感的重要前因变量。

本书所关注的印象型和交互型社会线索指虚拟社区提供的有利于自我形象展示和交流互动的功能特征，因此，可以从三种功能特征的使用入手，找到可以测量印象型社会线索和交互型社会线索的指标。同时，由于不同虚拟社区提供的功能特征可能不同，Ma和Agarwal[10]所总结的四种功能特征是通过集合多种类型的虚拟社区中出现的功能特征而归纳完成的，较为全面地涵盖了虚拟社区的特征。同时，考虑到虚拟社区环境下，用户进行内容贡献通常要求注册一个账号（也有少数个别社区允许匿名发帖），并且注册的账号可以永久使用，除非用户自己注销掉。因此，本书不考虑"永久的账号"这一技术特征作为社会线索的构成部分。

基于以上分析，借鉴Ma和Agarwal[10]的研究，本书对社会线索的两种类型——交互型和印象型社会线索进行了界定，并提供了虚拟社区中每种线索下典型的功能特征，如表2-2所示。

表2-2　虚拟社区中的社会线索

功能特征	定义	虚拟社区中的举例
交互型社会线索	虚拟社区提供的有利于双向沟通或实时互动的功能特征	即时通信、聊天室、显示"谁在线"、显示"谁正在做什么"、评论功能、私信、提醒等
印象型社会线索	虚拟社区提供的有利于用户自我展示的功能特征	用户的昵称、签名、个人简介、个人页面、用户的声誉标签、等级功能

值得说明的是，本书在第 3 章和第 4 章使用问卷调查的研究中所涉及的印象型和交互型社会线索均是总体上的概念，即印象型社会线索指虚拟社区提供的有利于用户自我展示的功能特征，如昵称、签名、头像、个人主页、照片和声誉标签；交互型社会线索指虚拟社区提供的有利于双向沟通或实时互动的功能特征，如评论功能、私信、在线或离线状态等。然而，在第 5 章和第 6 章采用客观数据的研究设计中，仅关注印象型（或交互型）社会线索的一种形式。例如，第 5 章所关注的基于身份标识的社会线索是一种声誉标签，这是某些虚拟社区中设置的用来标记不同种类的用户（如对于发表内容多的用户设置"优秀写作者"，对于积极点赞的用户设置"热心互动者"的身份标签等）；在第 6 章所关注的基于信息披露的交互型社会线索则是社区通过引入一个改变之前匿名沟通环境的社会线索。值得说明的是，对于第 5 章和第 6 章仅关注印象型（或交互型）社会线索的一种形式的原因是：为了获得社会线索和用户贡献行为之间的因果关系，研究设计需要明确社会线索引入的一个事件，用该事件作为划分事前、事后行为改变的操作，以利于后续的实证检验。这种基于事件驱动的研究设计可以保障研究结果的客观性与准确性[122]。

2.2　社会临场感理论

社会临场感概念的开创者是 Short、Williams 和 Christie 三位学者。Short 等首次提出社会临场感的概念以后，经历了多个发展阶段（见表 2-3），相关学者对社会临场感的概念界定也发生了变化，甚至出现了完全不同的视角。例如，社会临场感概念的开创者 Short 等[123] 将其作为衡量通信工具模拟面对面沟通的逼真程度的指标；这一界定被一些学者采纳，用于在线游戏和虚拟现实情境中。还有的学者将社会临场感作为计算机媒介环境下用户对虚拟群体的认同感和归属感，这一界定被少数学者采纳，用于在线学习社区的研究情境中。

表 2-3　社会临场感理论的发展阶段

阶段	期间	主要学者	研究焦点
第一阶段	20 世纪 70 年代	Short 等	视频、音频电话等远程通信
第二阶段	20 世纪 80 年代至 90 年代初期	Rutter；Daft 和 Lengel；Kiesler；Walther 等	以计算机为媒介的沟通平台
第三阶段	20 世纪 90 年代中后期	Gunawardena；Rourke 等；Tu；Swan 等	在线学习平台
第四阶段	21 世纪初至今	Biocca；Kumar；Shen 等	电子商务与虚拟社区

Lowenthal 对社会临场感理论进行了系统梳理，提出现在所有关于社会临场感的界定组成了一个连续体（Continuum）[124]。为了清晰地呈现当前文献中关于社会临场感的定义，本书借鉴组织行为学中的领导行为连续体理论模型绘制了图 2-1 的社会临场感概念的连续体及典型界定。由此可以看出，在社会临场感概念的连续体中，存在两个端点：逼真程度和社会情感体验。在连续体的最左端，社会临场感被界定为一个人是"真实存在的"（即 being "real" and being "there"）。这类定义侧重于个体在在线环境中是否可以"真实地"展现自己，在线环境中的其他人是否感觉到这个人是"真实存在的"。例如，在线学习领域的代表学者 Garrison 等[125]认为，社会临场感是学生（或老师）将自己"真实"展现出来的能力。在连续体的最右端，社会临场感被界定为与沟通者是否存在情绪连接关系的感知，而不仅仅是一个人是否被感知到的"真实存在的"。需要注意的是，该观点的研究者普遍认为，沟通者间的情绪连接关系是积极的。例如，Picciano 提出，社会临场感是学生对在线学习社区的归属感[126]。类似地，Rogers 和 Lea 认为，社会临场感是学习者在网上学习小组内的归属感和沉浸感[127]。

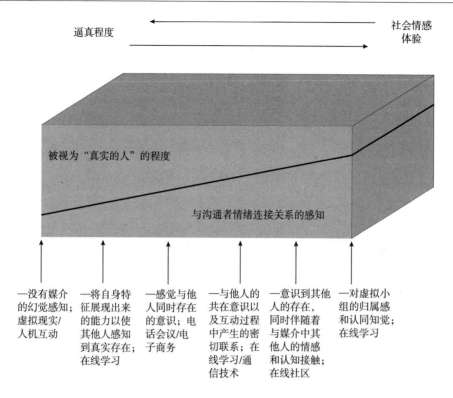

图 2-1　社会临场感概念的连续体与典型界定

　　然而，这两个端点中间的部分才是当前大部分学者在对社会临场感进行界定时选取的位置，大部分学者基于自身的研究目的和研究背景对社会临场感提出自己的界定方式。蔡佩在电子布告栏环境下将社会临场感定义为在利用媒体沟通过程中，一个人被视为"真实的人"的程度及与他人联系的感知程度[128]。Biocca 等则定义为一个人与其他人之间的共在意识，以及互动过程中产生的密切联系[129]。本书选取了几种目前引用率较高的文献中所提出的社会临场感的界定呈现在连续体的不同位置上，有利于本书更清晰地厘清并提出适合于虚拟社区研究背景的概念界定。

　　基于以上分析，本书认为社会临场感是一个动态变化的概念，在时间足够的情况下，CMC 中的沟通双方通过互动能够形成一定的亲密感，而这种亲密感又会影响社会临场感的感知[130]。本书在虚拟社区环境下，将社会临场感界定为心理层面的概念，指个体对其他在线参与者即时即刻的感知，以及感觉可达到其他人的心理、情绪和意向状态的程度[11,13]。

借鉴 Shen 和 Khalifa 的观点[11]，本书认为，社会临场感包括三个维度：意识临场感（Awareness Presence）、情感临场感（Affective Presence）和认知临场感（Cognitive Presence）。

意识临场感指用户在虚拟社区中感受到与其他人在一起的感觉[129,131]。意识临场感维度与 Biocca 等研究汇总的共在感（Co-presence）维度相一致。意识临场感中的对其他人在场的感觉，不是简单地在场和不在场的二元区分，而是一种程度[132]。作为传播媒介的虚拟社区传递的信息越多，越能接近面对面交谈的情境，沟通双方越能真实地感受到对方的存在。在虚拟社区中，用户仅通过键盘输出的文字进行交流，其感官范围和强度都非常低，但展示用户状态的社会线索（例如，在线/离线，他/她在哪里，或他/她在做什么）和自我呈现特征（例如，图像和虚拟化身）可以增强他人的在场意识。同时，有学者指出，他人的在场可以产生观众效应（Audience Effect），激发个体唤醒，产生警觉，促进个体的行为表现。

情感临场感指用户通过虚拟社区与对方进行交谈时，经由非语言方式（如文字、表情符号、图片等）传达情绪，以及感受到互动的对方所要表达的情绪程度[133]。Västfjäll 研究个体倾听音乐时的临场感状态，发现个体的临场感与其对音乐的情感共鸣和反应息息相关，证实了个体的主观临场感离不开情感这一要素[134]。个体在某个场景中的情绪反应代表了用户在这个社交环境中社会临场感的体现，以及作为深入评价和行为反应的输入信息。社会影响理论提出，个体受到他人影响的程度取决于属性数量、强度和直接性三个因素，其中直接性指个体与他人之间关系的紧密性和亲近程度，关系越紧密，他人对个体的影响程度越大。例如，就像一个人处在周围都是陌生人的咖啡馆中，虽然这个人对他人的意识临场很高，但情绪临场感非常低，因为两者之间没有情感反应。Biocca 和 Harms 指出，感受到对方存在是社会临场感的基础，感知对方心理的情绪状态是进阶的层次[135]。

认知临场感指用户通过虚拟社区传递的任何信息，沟通双方可以相互理解对方所要陈述的想法或概念[135]。在面对面交谈的过程中，当想法表达不清楚影响认知时，可经由语言或非语言方式进行修正或补充。Short 等研究发现，采用不同媒介传播，所能承载的信息量不尽相同，因此会影响信息传达的正确性与有效性，而消息的正确理解是社会临场感重要的维度之一[123]。社会临场感越高的媒介，越能降低信息中的不确定性，且能有效传达用户的真正想法。这涉及用户对自身与环境、环境中的其他人的认知和记忆、特征分类和心理判断的认知过程。临场感理论的研究学者利用了认知和记忆理论理解引发临场感的认知过程的本质。通常，用户将对由符号系统（Symbolic System）构成的他人在场进行推断，以理解其他人或者其所处环境所传达的含义[136]。

2.3 信任理论

关于信任的研究最早由美国心理学专家 Deutsch 在"囚徒困境"实验中提出[137]。随后，信任的概念逐渐扩展到管理学、社会学、营销学、心理学等领域，学者们从不同的视角对信任提出了不同的定义。心理学领域的学者提出，信任是随着个体的社会学习逐渐形成的稳定的人格特质。从进化论的角度，信任是人类面对复杂和不确定性情境所采取的一种适应性策略。由于成长环境、生活经历的差异，不同的个体在面对不确定性风险时会表现出不同的信任倾向。也有学者认为，信任是个体在预期对方能完成自己提出的某项任务的收益与可能损失的对比，损失收益大于预期就会产生信任。随着互联网技术的发展，学者们将信任的概念扩展到网络环境中[138]。相关学者对于网络信任的界定也存在一定的争议：信任究竟是来自个体本身的一种愿意信任的意向，还是来自对另一个对象的某项特质的信念。

Menon 等认为，电子商务网站消费者对信任的判断是基于消费者获得的网站各个方面的信息，比如网站外观、网站中的品牌等[139]。由于概念的不统一会带来研究上的困难，因此，不断有学者提出信任相关的概念模型。在这方面，McKnight 等从用户、社会环境以及网站本身三个方面整合了与网络信任相关的类型，提出网络信任的形成模型[138]。McKnight 等的信任模型经过了诸多实证研究的检验，是现有研究网站信任最常采用的模型。该模型基于认知性信任的假设前提：用户对网站的信任信念是基于对一些有意义信息的判断后快速形成的，同时提出网络信任包含个体的倾向性信任、制度性信任、信任信念以及信任意向四个方面，它们的关系如图2-2所示。

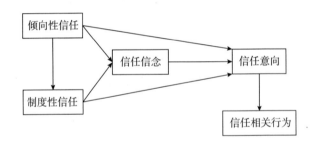

图 2-2　McKnight 等提出的网络信任模型

在 McKnight 等的网络信任模型中，作为核心概念的信任信念（Trusting Beliefs）指个体感觉网站是有益于自己的信心程度。McKnight 等已有研究中涉及的 15 种类型的信任信念进行了概念聚合，提出信任信念的三个特质：能力信任、善意信任和诚实信任[138]。其中，能力信任是关于用户感知网站能在特定领域有效地执行任务的能力和专业性；善意信任指用户感知网站是关心用户并且所做的行为符合用户的利益；诚实信任指用户对网站原则性方面的感知，即网站会遵守诺言、诚实等。善意和诚实反映的都是道德层面，但善意倾向于描述被信任方的动机以及利他性；诚实则倾向于描述在功利上，被信任方会遵守承诺，不欺骗的特质。信任倾向（Disposition to Trust）属于信任的个体性维度，指个体一般情况下的信任倾向，如有的人较容易对别人产生信任，而有的人很难相信别人。制度性信任（Institution-based Trust）属于信任的社会性维度，指个体对网站所处的制度环境的感知，如互联网的安全性、可靠性等的感知。信任倾向和制度性信任共同影响用户对网站的信任信念和信任意图。

2.4　心流理论

心流（Flow）最早是由 Csikszentmihalyi 在研究象棋选手、攀岩爱好者和舞蹈家的经历时提出来的一个概念，指"人们完全投入到某种活动中时所感受到的整体感觉"[140]，这些个体在某项活动上投入大量的精力，即便没有报酬，也能感受到非常高的愉悦感和满意度。Csikszentmihalyi 和 Csikszentmihalyi 认为这种积极的心理体验是最优体验，并总结了 9 个表现特征：明确的目标、即时的反馈、技能与挑战的平衡、行动与意识的融合、注意力的集中、控制感、自我意识的丧失、时间感扭曲、自为目的性体验[140]。其中，自为目的性（Auto-telic Nature）指一个人聚焦在活动本身的过程，远远超过最终的结果或外部奖赏，这一点是能够体验到心流最为重要的一点。当前，心流体验在心理学和人机交互领域中已成为学者们广泛研究和讨论的概念。总之，心流体验是一种令人愉悦且高效的心理状态，有助于提高个体的表现和满足感。在设计用户体验和促进用户行为方面，了解和利用心流体验的原理可以产生积极的影响。

最初研究的心流活动，如攀岩、下象棋，可以被概念化为一个人沉浸在某种活动中，然而这些研究并没有考虑完成这些活动的工具的作用。例如，攀岩爱好者可能需要一系列的工具使其完成活动，音乐家需要一种乐器制作音乐作品。Finneran 和 Zhang 指出，现有的研究没有将心流活动涉及的工具考虑到心流理论的研究中。在计算机媒介环境下，一项活动需要被分解为任务（活动的主要目标）和工具（完成活动的工具）；由于计算机媒介环境下的工具的复杂性和动态呈现，心流活动的产生离不开对涉及工具的掌握和控制[141]。

基于此，Finneran 和 Zhang 提出了反映心流产生的 PAT 模型（Person-Artifact-Task Model），即人、工具和任务三方的相互配合是心流产生的前因[141]，研究模型如图 2-3 所示。举例来说，当一个人采用电子表格 Excel 计算旅行花费时，这跟用纸与笔操作方式完全不同；假设一个人使用笔和纸计算没有任何问题，这不代表他（她）可以用电子表格完成任务。因为这取决于这个人对电子表格的熟练程度，如果这个工具简单易用，那么这个人可以专注地计算旅行成本这个任务；反之，这个人会艰难地使用电子表格，阻碍了他（她）完成自己的目标任务。因此，计算机媒介环境下的活动是任务（如计算旅行成本）、完成任务需要的工具（如电子表格）共同组成的，而一个人能否体验到心流状态就取决于人、工具与任务这三者的相互作用。

在虚拟社区环境下，成员参与内容贡献过程中，需要对要实现的任务有明确的认知，例如，用户贡献的内容要表达什么、传递什么观点或者解决什么问题。成员确定任务，需要借助社区中的发帖工具并对本社区的发帖要求和规范有一定的认知，如文本编辑窗口的位置、图片上传方式、字数限制、话题规范要求等。只有成员明确自己要发表的内容、能够较为熟练地使用社区贡献的相关工具，成员才有可能在贡献行为产生的过程中触发心流体验，并愿意持续性地在虚拟社区中进行内容贡献行为。

目前，关于心流体验的构成维度在现有的文献中观点并不统一。在已有的实证研究中被采用最多的三种观点分别是：Webster 等的四维度观（控制感、专注、好奇、内在兴趣）[142]、Ghani 等的二维度观（专注、愉悦感）[143] 和 Koufaris 的三维度观（控制感、专注感、愉悦感）[144]。本书采用 Koufaris 的观点，认为虚拟社区环境下的心流体验主要包括控制感、专注感和愉悦感三个维度。

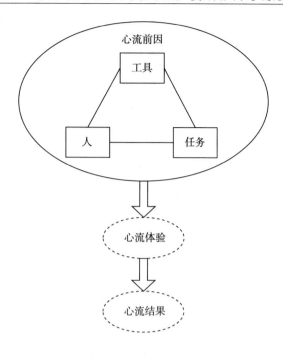

图 2-3　Finneran 和 Zhang 提出的计算机媒介

环境下心流前因的 PAT 模型

尽管当前学术界对于心流体验的构成维度仍然缺乏一致的观点，但学者们一致认为，心流体验是人们愿意继续进行某项活动的驱动力。在信息技术领域，许多学者开始使用心流理论理解用户行为，这为该领域的研究提供了新的视角[145]。在用户持续使用行为的研究中，Kabadayi 和 Gupta 发现，用户在网站中的心流体验显著影响了用户的再次访问意愿，以及平均访问时长[146]。类似地，Wang 在对移动增值服务的研究中发现，心流体验显著影响消费者的持续使用意愿[147]；Chang 及 Chang 和 Zhu 在社交网站中证实，心流体验对用户持续使用意愿的显著影响[148,149]。因此，基于心理理论，本书认为，虚拟社区中成员使用社会线索的程度会影响其心流体验，进而影响用户持续贡献意愿。也就是说，心流体验是虚拟社区中社会线索与用户持续贡献关系中的关键中介变量。

2.5　社会助长理论

社会助长理论（Social Facilitation Theory）描述了他人在场对个体从事某种活动的影响，认为他人在场可以提高个体完成活动的效率。这里的他人在场可以是物理空间的在场，也可以是电子监控设备中的在场或者想象在场。社会助长理论的两个表现形式是结伴和观众。

美国心理学家 Triplett 在对自行车运动员的研究中发现，伙伴在场可以帮助自行车运动员提高 30% 的速度，为了检验他人在场的社会助长效应，Triplett 又在实验室环境中对儿童缠绕钓鱼竿卷线这一任务进行观察，实验任务是让 40 个儿童在规定时间内尽快地转动钓鱼竿轮绕线，一组让儿童单独完成任务，另一组让儿童两两结伴完成任务，同样发现一致的研究结果，即在两两结伴的情况下，儿童的绕线速度更快[150]。这种社会助长效应在现实中可以经常被发现，例如，在运动场中有很多观众加油的运动员，往往会顺利甚至超水平发挥；一些演讲者也是如此，听众越多，往往讲得越起劲，论述问题甚至比备课还深刻，这种有他人在场导致个体从事某种活动产生的刺激作用，从而提高其活动效率的现象，是社会助长理论中的观众效应（Audience Effect）。同时研究证实，观众效应不只出现在人类身上，在许多动物身上也可以找到这种例子。

同时，结伴效应和观众效应也会抑制主体从事某种活动的效率。Allport 通过实验发现，他人在场并不只是导致社会助长现象，在一些难度较大的工作中，这种社会助长可能会变成社会抑制（Social Inhibition）[151]。对于这种相互矛盾的现象，Zajonc 采用动机和内驱力的相关研究进行解释并提出了优势反应强化说[152]，如图 2-4 所示。该学者提出他人在场会使个体产生生理唤醒，提高其动机水平进而促进个体的优势反应（个体已经学习和掌握得相当熟练、不加思索就可以表现出来的习惯动作），抑制较弱的反应（个体不太熟练或需要投入专注力的工作）。例如，自行车选手骑自行车，小孩子绕线、跳跃和计数等基本属于个体具备的熟练活动，因此他人在场会提高其活动效率；而批驳某一哲学命题、掌握无意义音节等活动通常是个体需要动脑筋或是不熟练的，因而他人在场反而会造成干扰而降低活动效率。

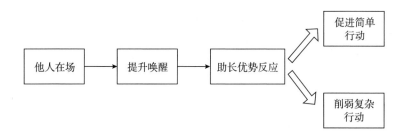

图 2-4　他人在场对人活动的影响过程

2.6　虚拟社区中社会线索对用户贡献影响的理论框架

根据环境心理学的刺激—机体—反应模型（Stimulus-Organism-Response，简称 S-O-R 框架），环境中的各种刺激会影响到人们的心理状态，进而影响人们的反应[153]。虚拟社区设计的印象型和交互型社会线索是社会互动环境中的刺激来源，它会影响社会行动者（Social Actor）的内部心理状态，最终影响社会行动者的行为反应。随着社交元素与媒介技术的不断融合，虚拟社区在人们的工作生活中扮演的角色越来越重要，用户贡献的意见、经验和知识技能源源不断地为人们提供高质量的内容，成为人们快速有效地形成问题解决方案和更新知识的重要参照。可以说，用户持续不断地贡献内容，尤其是高质量的内容，是保障信息有效沟通和虚拟社区长期发展的重要基础。然而，社交元素为虚拟社区补充的社会线索，如何促进虚拟社区中用户的贡献意愿，以及导致用户贡献的实际行为如何变化，是本书所要解决的问题，同时构成了本书要展开的四个研究。

本书将社会临场感作为核心变量，用来反映虚拟社区成员对社会线索这一环境刺激所产生的心理感知。Shen 和 Khalifa 首次将社会临场感理论引入虚拟社区背景中，并将虚拟社区环境下的社会临场感定义为用户在社区中对其他人在场的意识，同时伴随着与其他人的情感和认知接触[17]。这个界定将社会临场感从单纯的媒介质量的判断指标拓展到一个包括用户意识、情感与认知三维的心理感知变量，这为虚拟社区的研究提供了新的视角。本书认为，虚拟社区中的社会线索是通过影响用户在虚拟社区中的社会临场感，进而作用到用户的贡献行为，包括用户是否贡献以及贡献的表现。

第一个研究社会线索对初始贡献意愿的影响中，主要用到社会临场感理论和信任理论。该研究通过分析基于虚拟社区社会线索的提供形成的社会临场感通过影响用户对虚拟社区的信任，进而影响用户的初始贡献行为。McKnight 等认为，信任能有效克服风险感知，尤其对于感知风险高的网站而言，信任的作用显得尤为重要[138]。因此，信任是克服互联网用户与网站间初始关系形成障碍的有效策略。对虚拟社区而言，对用户个人信息的呈现和互动方式的功能设计可能带给很多用户不确定性感知和忧虑，比如担心个人数据被滥用、受到不良评论的困扰，对社区中内容真实性和专业性的质疑。因此，用户使用虚拟社区社会线索所产生的社会临场感将会提高用户对虚拟社区的信任，进而可能影响用户决定进行初始贡献行为。

第二个研究社会线索对持续贡献意愿的影响中，涉及社会临场感和心流理论。现有研究已经发现，社会临场感是心流产生的前因变量。Hoffman 和 Novak 认为，顾客在电子商务网站中的社会临场感越高，顾客越容易进入心流状态[154]。在虚拟社区场景中，让用户具有较高社会临场感的平台，可以让用户感知如同真实场景的沟通环境，可以综合使用各种社会线索工具传达交流信息，从而大大减少了对虚拟环境的认知，实现在线互动的心流体验状态。可以说，在以计算机为媒介的沟通环境下，虚拟社区的成功离不开其为用户创造体验心流机会的能力[156]。虚拟社区在设计功能特征时，对印象型社会线索和交互型社会线索的呈现，直接影响用户的社会临场感感知，进而影响心流体验的形成，最终是否愿意在社区中持续贡献内容。

第三个研究基于身份标识的印象型社会线索对用户贡献行为的影响中，主要用到社会临场感与社会助长理论。虚拟社区中往往设置身份标识的功能以激励表现好的成员继续在社区中发表内容，这种身份标识既可以是一种荣誉，也可以是塑造个人形象的工具。用户可以通过申请获得身份标识，以展现自我在社区中的形象，因此身份标识属于本书界定的印象型社会线索的一种。基于身份标识的印象型社会线索有利于用户提升在社区中的社会临场感，因为作为社会性的互动群体，虚拟社区中凝聚了大量具有相似爱好的用户，用户通过发表内容建立社交关系，持有身份标识反映了该用户在某一方面的突出表现，因此，标签用户可以吸引其他人的注意，意识到标签用户的存在，从而提高了社会临场感。社会临场感的提高，产生了他人在场的观众效应，根据社会助长理论，即使这些观众只作为被动观众，不参与反馈行为，也可能会影响标签用户的贡献行为。

第四个研究基于信息披露的交互型社会线索对用户贡献行为的影响中，主要用到社会临场感与匿名性理论。匿名性（Anonymity）指活动主体的真实身份信息未知的一种状态[157,158]。Scott 和 Orlikowski 指出，在线评论中的匿名性使互联网用户感觉更舒适和安全，从而导致更频繁的贡献行为，但同时也有研究发现，匿名性会导致消极情绪和恶意言论的发表与传播[159]。本书将探讨由于社区加入一种交互型的社会线索，导致发表在线内容的用户感觉到其真实身份信息被披露或者曝光，该机制通过提高用户在虚拟社区中的社会临场感，增强用户的自我意识，从而可能影响用户在在线平台中的贡献行为。

基于以上分析，本章构建了本书的研究框架，如图 2-5 所示。

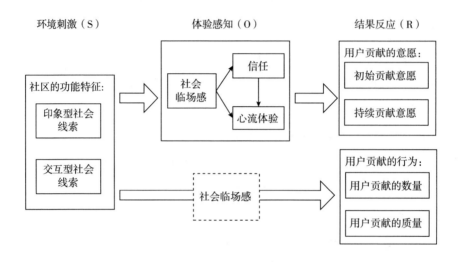

图 2-5　本书的研究框架

2.7　本章小结

首先，对虚拟社区、用户贡献行为、社会线索和社会临场感等研究中用到的关键概念进行了清晰的界定。其次，对本书的四个研究问题所涉及的相关理论进行了详细介绍，具体包括社会临场感理论、信任理论、心流理论、社会助长理论，以为后续研究的逻辑推理分析提供支撑。其中，第一个研究虚拟社区中社会线索对初始贡献意愿的影响研究中，主要用到社会临场感理论和信任理论；第二个研究社会线索对持续贡献意愿的影响中，涉及社会临场感和心流理

论；第三个研究基于身份标识的印象型社会线索对用户贡献内容数量与质量的
影响中，主要用到社会临场感与社会助长理论；第四个研究基于信息披露的交
互型社会线索对用户贡献的数量与质量的影响中，主要用到社会临场感与匿名
性理论。最终，本书基于 SOR 框架构建了整体的研究框架。

第3章 虚拟社区中社会线索对用户初始贡献意愿的影响研究

3.1 研究问题描述

初始贡献是相对于持续贡献而言的，代表用户首次在社区中发表内容的行为。学者们普遍认为，影响初始贡献决策的因素有别于持续贡献决策的因素[25]。在初始阶段，用户参与虚拟社区的心理动机表现为外在动机，例如感知社区质量、感知社区同伴支持和感知收益等，但随着时间的推移，这些外在动机会内化为虚拟社区用户的内在需求（例如健康能力感知、自主性感知、关联性感知），从而导致用户产生持续的参与行为[67]。

尽管如此，现有关注虚拟社区中用户初始贡献及其产生机制方面的文献比较少；少数有关用户初始贡献或初始参与方面的研究主要涉及一些社会心理学因素的影响作用，例如，虚拟社区口碑、好友推荐等，或者用户自身的动机，如为了信息交换、社会支持、社会交往（友谊）等，对于技术因素鲜有探讨。此外，这些社会心理学因素主要来自虚拟社区采纳行为的相关研究成果；虚拟社区的采纳行为与信息系统的采纳行为一致，关注用户是否加入一个技术平台，用户的加入并不意味着用户会在社区中贡献信息[160-162]。例如，虚拟社区中的用户作为意见寻求者会在社区中搜寻信息，有研究发现，UGC 的全面性和相关性是意见寻求者评估信息质量的最有效因素，直接关系到意见寻求者接受和采用在线消费者评论的程度，但研究并没有进一步探讨用户使用虚拟社区进行信息搜寻与贡献行为间的关系。也就是说，虚拟社区中内容搜寻行为的使用不能直接关联到内容的贡献行为[162]。

基于 Nielsen 的研究，虚拟社区中存在大量的用户属于从来不贡献内容的潜水者（Lurkers）[1]，如何激发这些大量的潜水用户建立初始贡献意愿，是很值得研究的问题。为了解决此研究问题，本书拟系统探讨虚拟社区中影响用户初始贡献意愿的因素及其内在机制。结合社会临场感和信任理论，本书从虚拟社区的技术特征入手，深入探索用户使用社会线索的程度如何影响用户的初始贡献意愿。

3.2 理论分析与假设提出

3.2.1 社会线索对用户初始贡献意愿的直接影响效应

虚拟社区的社会线索分为印象型和交互型两类。印象型社会线索是虚拟社区提供的有利于用户自我展示的功能特征，如用户昵称、个人签名、头像、个人主页、照片和声誉标签等。交互型社会线索指虚拟社区提供的有利于双向沟通或实时互动的功能特征，如评论功能、私信、在线或离线状态提醒等。用户使用虚拟社区提供的印象型社会线索主要用于展示"我是谁"的问题，以塑造虚拟社区中的自我身份。

社会身份认同理论（Social Identity Theory）提出，社会认同是个体自我概念的组成部分，个体的社会认同来自感知在群体中的成员身份，并且身份是通过以相对或者灵活的方式定义差异化的过程而产生的；对于那些使得自己与众不同的特征格外重视，通过身份的展示，个体可以将自己划分为一个群体，并将自己所在群体与其他群体进行区分[163,164]。在虚拟社区中，用户通常根据他人公布的个人信息（如性别、教育经历、工作经历、爱好、个性等）而推断他的身份、兴趣和行为。由于社会化媒体平台中用户的个人信息由用户本人决定是否公布、如何公布和公布多少，个人信息的完整程度反映了用户对虚拟社区的认可程度和参与社区的意愿。因此，用户使用印象型社会线索的程度越高，反映了其对虚拟社区的认可程度越高，那么该用户越有可能在虚拟社区中产生初始贡献意愿。

根据社会临场感理论，交互型社会线索提供了一个互动性（Interactivity）的社会环境，而虚拟社区的互动性反映了用户可以自己控制在线体验的程度，信息流的双向流动以及网站的响应速度[165]，互动性会影响人们对社区和社区中其他参与者的态度。在虚拟社区环境中，用户通过交互型社会线索能够向其他人传递自己是可获得的，以及可建立交谈关系的；如果没有交互型社会线索，虚拟社区中用户的任何活动都不会有回应，使得用户会感觉自己的表达不能被其他人看到，而若没有互动性，用户就会失去参与社区的兴趣。在以计算机为媒介的沟通环境下，用户本身就缺乏面对面沟通所拥有的语言和非语言线索，在一定程度上降低了互联网用户间表达上理解的容易程度，增加了沟通难度。

当虚拟社区提供了不同形式的交互型社会线索时，例如，用户通过评论功能有针对性地回应某个话题，使用私信这一交互型社会线索与其他用户实现一对一的沟通并保持私密性，通过展示虚拟社区用户在线或离线状态等交互性社会线索，用户可以缓解异步沟通环境下互动的不确定性[166]。因此，用户使用交互型社会线索程度越高，越容易与虚拟社区中的其他用户建立接近于现实世界中的面对面沟通效果，在一定程度上增加了用户对在线互动的控制感，从而利于信息的双向流通，提升虚拟社区用户间的沟通效率，由此减少了用户信息处理所付出的时间和精力成本，最终影响到用户的初始贡献意愿。因此，本书提出了以下假设：

H1a：用户使用印象型社会线索的程度越高，其初始贡献意愿越强。

H1b：用户使用交互型社会线索的程度越高，其初始贡献意愿越强。

3.2.2 社会临场感的中介作用

本书认为，社会临场感在社会线索和用户初始贡献意愿间扮演了中介角色。也就是说，印象型和交互型社会线索通过影响用户的社会临场感（包括意识临场感、情感临场感和认知临场感三个维度），进而影响其初始贡献意愿。以往在解释用户贡献行为的产生时通常采用动机理论（Motivation Theory）。动机理论将虚拟社区的贡献行为作为以目标为导向的选择，这忽略了用户贡献行为产生的自发性和无意识性。社会心理学的相关研究也表明，并非所有的行为都是用户有意识的选择[167,168]。社会临场感理论描述了用户对社区中其他主体即时即刻的共在意识，以及感觉可达到其他人的心理、情绪和意向状态的程度[11]。虚拟社区中用户的临场感越高，其感觉与社区中其他人的心理联系程度越大，那么该用户在社区中的行为越有可能是自发的和习惯性的。例如，用户初次使用虚拟的过程中受到其他人发表内容的情绪感染，就会自发地对该内容进行评论或发表观点。但是，用户初始贡献意愿的产生，不一定保证其进行持续贡献意愿。例如，用户初始贡献后，可能没有收到预想的反馈，初始贡献完成后不想继续再使用。

从印象型社会线索出发分析：首先，用户的意识临场感反映了用户注意到其他人的在场程度。用户通过印象型社会线索有助于建立一个更精确的自我身份，帮助用户向社区中的其他人传递"我是谁"的信息[10]。目前，虚拟社区中常见的方式是昵称和头像、个人页面、个人签名等。通过这些印象型社会线索，用户可以感受到对方作为一个社会行动者（Social Actor）的存在，从而提高了用户的意识临场感。用户在虚拟社区中的意识临场感反映了用户注意到其他人的在场程度。根据社会助长理论，他人的在场可以产生观众效应（Audience Effect），激发个体唤醒，产生警觉，促进个体的行为表现。本书认为，用户的意识临场感，激发个体的表达欲望，从而使其自发地向听众表达自己的观点，由此提升用户的初始贡献意愿。

其次，虚拟社区作为典型的以计算机为媒介的通信工具，与面对面的交流相比，缺少许多可以传递沟通双方的社会线索。虚拟社区中的交流更多地依赖用户自发性地在社区中展现的文字、图片和视频等信息，根据信息传递的信号理论（Signaling Theory），虚拟社区中的社会线索为用户提供了可以向其他用户展示自我身份的信号。一方面，信息发送者可以使用虚拟社区的印象型社会线索功能向其他用户传递有关自我身份的信号，从而展现其个人品质；另一方面，虚拟社区中的信息接收者也依赖于印象型社会线索对其他用户所传递出来的身份信息进行归因解释，从而对信息发送者的性格特征做出判断，以指导后续的沟通活动，例如，寻找与自己相似的人进行互动。所以，虚拟社区中印象型社会线索使用程度越高，越有利于社区内的成员建立并发展社交关系，促进成员间建立亲密关系[169]，形成一种牢固的情感连接关系，进而提升了用户的情感临场感。用户的情感临场感反映了用户与其他人的心理连接程度，这种连接程度来自用户与其他人的相似性。基于社会线索的社会临场感，促进用户识别志趣相似的其他人，从而建立连接关系。因此，用户的情感临场感越高，说明其余社区中其他人的相似性程度越高，越容易找到话题进行沟通，从而提高其贡献行为的可能性。

最后，印象型社会线索越丰富，越有利于传递更多关于用户的行为背景、社会交往和性格特征[10]，这有助于用户更好地构建和确认他们与其他用户以及和社区关系的意义，促进彼此的相互理解，形成更强的认知临场感。用户在虚拟社区中的认知临场感反映了用户与沟通对象间的相互理解程度[135]。用户的认知临场感越高，他（她）在社区中进行沟通所付出的努力成本越低，用户无须付出任何努力或仅需要很少的精力就能与其他人建立沟通关系，这同样有利于用户随时随地地发表内容，产生贡献行为。

同样的逻辑，用户通过使用交互型社会线索提供的诸如私信、评论功能、聊天室等即时沟通信息，帮助用户建立起与其他人进行交谈与互动的渠道，提高了沟通交流的直接性。沟通的直接性提高了对沟通对象存在的强烈感知，由此导致意识临场感的产生。而且，直接性和即时性通过减少媒介传播所花费的时间而增加与其他人交往的感觉，从而使其忽略作为中介的虚拟社区的存在[170]。通过这种方式减少人们之间的心理距离，更有可能促进用户发展情感联系，从而形成情感临场感[171]。此外，在媒体使用的背景下，沟通的直接性也被证明可以促进用户之间的快速和有效的沟通，积极地影响用户对他们积极参与及他人交换信息的感知，从而增加用户的认知临场感[172,173]。类似地，基于前述分析，社会临场感对用户初始贡献意愿亦产生积极的影响。因此，本书提出以下假设：

H2a：意识临场感在印象型社会线索与用户初始贡献意愿关系中存在中介作用。

H2b：情感临场感在印象型社会线索与用户初始贡献意愿关系中存在中介作用。

H2c：认知临场感在印象型社会线索与用户初始贡献意愿关系中存在中介作用。

H2d：意识临场感在交互型社会线索与用户初始贡献意愿关系中存在中介作用。

H2e：情感临场感在交互型社会线索与用户初始贡献意愿关系中存在中介作用。

H2f：认知临场感在交互型社会线索与用户初始贡献意愿关系中存在中介作用。

3.2.3　信任的中介作用

除了社会临场感对用户初始贡献意愿的直接影响效应外，本书认为，社会临场感还通过信任对用户的初始贡献意愿产生间接影响，即信任扮演了社会临场感与用户初始贡献意愿之间的中介角色。与上一个假设所提出的社会临场感促使用户产生自发的和无意识的贡献行为不同，社会临场感还会通过影响用户对其所处社会环境作产生信任，进而影响用户在社区中进行初始贡献意愿。

信任是个体知觉虚拟社区有益于自己的信心程度[138]。例如，用户感觉到虚拟社区可以为自己提供可靠的信息、关心用户的利益、社区中有成员认可并遵守的管理规范，均可以提高用户对虚拟社区的信任。研究发现，信任对于用户与网站初始关系的建立非常重要[71]。用户在虚拟社区中的意识临场感可以让用户察觉到社区中其他人的共同存在，这是执行社会性活动的先决条件。拥有更高意识临场感的用户，能够认识到自己有更多的机会建立社交互动，有利于用户相信社区是有吸引力的，值得用户像在场其他人一样加入社区，促进用户对社区的信任感。基于对社区的信任，用户可以观察学习在场其他人的行为以指导自我行为的建立，比如社区中发表的内容风格、如何关注或评论他人等，由此促进用户产生初始贡献意愿。

情感临场感使用户感觉可以与社区和社区中的其他人建立情感联系[11]。拥有越高情感临场感的用户，越有可能体会到与其他人的亲密性，这种亲密性降低了用户之间的心理距离[174]，有利于形成对其他人积极的评价，建立相互信任的关系，从而培育用户对社区的信任。而这种信任感进一步促进了用户主动交换有用的信息和发展社交关系，从而实施用户的贡献行为。

认知临场感意味着用户在社区中感知相互理解程度，包括沟通双方间的相互理解，以及用户对虚拟社区的理解（例如社区目的、社区规范）[11]。拥有较高认知临场感的用户更有可能支持虚拟社区中的共同规范。当用户与社区中的社会规范存在一致性时，用户更愿意信任虚拟社区。这种信任可以帮助用户在社区中实施更有效的、更顺畅的在线交流，从而提高用户与社区建立初始关系的可能性，正向影响用户的初始贡献意愿。因此，本书提出以下假设：

H3a：信任在意识临场感与用户初始贡献意愿之间存在中介作用。

H3b：信任在情感临场感与用户初始贡献意愿之间存在中介作用。

H3c：信任在认知临场感与用户初始贡献意愿之间存在中介作用。

最终，本书的理论模型构建如图3-1所示：

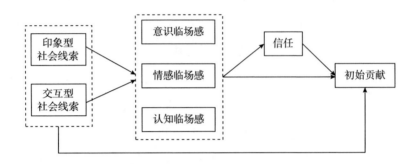

图3-1　虚拟社区中社会线索对用户初始贡献意愿影响的理论模型

3.3　研究设计

3.3.1　量表选择与问卷设计

本书中相关概念的测量都来自已有的相关研究中检验过的规范量表，以保证内容效度。本书对原始量表包含问项中的表达进行了细微的修改，以使其符合本书的研究背景虚拟社区，同时，研究问项均采用 Likert 7 分量表的方式，1分代表非常不同意，7 分代表非常同意。本书涉及 5 个变量，其中，印象型社会线索和交互型社会线索的测量量表借鉴 Ma 和 Agarwal 对虚拟社区 IT 特征的总结研究[10]；社会临场感的量表借鉴 Shen 和 Khalifa[11]；信任的测量量表借鉴 Ardichvili 等[175]；初始贡献意愿是指用户加入社区后，首次贡献内容的意愿，Zhou 等使用包括三个问项的量表对该构念进行测量[51]。本书相关构念的量表如表 3-1 所示。

表 3-1　本书确定的中文量表

构念	维度	问项
社会线索	印象型社会线索（IMC）	①我在该社区中使用了一个特殊的（或有意义的）签名，这使我与众不同 ②我在该社区中使用了一个特殊的（有意义的）昵称，这使我与众不同 ③我在该社区中的个人页面上提供有关自己的信息 ④我在社区中分享自己的照片或其他个人信息 ⑤我在贡献的帖子中表达自己的观点 ⑥我在社区中向其他成员讲述我的故事 ⑦我认为其他人在与我互动时会考虑我的排名（声誉） ⑧我认为其他人会搜索我发过的帖子，以更多地了解我
	交互型社会线索（INC）	①该社区提供了即时聊天功能，我可以与其他人实时交流 ②我关注该社区内其他人的在线或离线状态 ③我发现其他人会很快回复我的帖子 ④我发现其他人会很快回复我的私信
社会临场感	意识临场感（AWP）	①我在该社区几乎不会注意其他人 ②我感觉其他人能够意识到我的存在
	情感临场感（AFP）	①其他人受到我的情绪影响 ②我受到其他人情绪的影响 ③我认为这个社区的人会影响彼此的情绪状态
	认知临场感（CSP）	①我了解该社区的目的 ②该社区中的人们可以互相理解 ③我理解其他人的评价 ④其他人理解我的评价 ⑤其他人很清楚我的想法 ⑥我很清楚其他人的想法

续表

构念	维度	问项
信任 （TR）	—	①该社区是值得信赖的 ②相信该社区中用户提供的信息是客观的、可靠的 ③相信该社区知识共享是自由的、平等的 ④相信该社区成员会以真诚的态度与他人互动
初始 贡献	初始贡献意愿（ICI）	①我愿意成为该社区的一员 ②我愿意在社区中发表意见 ③我愿意提供信息，帮助其他人解决问题

同时，在确定量表的过程中，考虑到参考量表来自英文文献，本书采用"翻译—回译"过程形成中文量表[176]。具体过程为：先由一名研究人员将英文量表翻译成中文，再由另一名研究人员将中文量表再翻译为英文，然后比较原英文量表与回译量表的差异，对存在歧义的地方进行讨论修改，并重复"翻译—回译"过程，直至两种版本量表表述内容形成一致，从而获得本书的初始中文量表。

基于选定的测量量表，本书形成了完整的调查问卷。本书的问卷包括四个部分的内容：第一部分对虚拟社区的概念进行描述和举例，以帮助研究样本能够清楚地知道本书所研究的虚拟社区指的是什么；第二部分研究样本的基本信息，如性别、年龄、职业、收入、受教育程度、所在地区等；第三部分是关于研究样本使用虚拟社区的基本情况，如使用虚拟社区的时间、平均每周花费的时间、发帖频率等；第四部分是问卷的核心内容部分，主要是对被试样本在虚拟社区中的贡献意愿进行多个维度的调查。最终，形成本书的调查问卷。

3.3.2　预测试

为了保证调查问卷设计的有效性，本书将采用预测试的形式，提前发现问卷可能存在的问题，以进一步优化调整，保证正式调研过程的顺利进行。

预测试阶段，本书选取了 30 名具有使用虚拟社区经验的用户，邀请他们填写问卷，并询问预测试样本以下问题：①该问卷中哪个问项有您不容易理解的表述？②该问卷中哪个问项的表述存在歧义，或者语意模糊的地方？③该问卷的设计排版是否简洁清晰？④您对该问卷是否有额外的建议？

基于 30 名预测试样本的反馈，本书对问卷中的多处表达进行了修改、细化，并通过增加举例等手段，对问卷进行了完善。具体修改的地方包括但不限于以下内容：

（1）问卷开始对于虚拟社区的介绍中，增加了多个领域虚拟社区的举例，以提高不同领域、不同年龄段调研对象对虚拟社区这一概念的理解。

（2）第一部分中"您的职业"现有的选项不全，例如直播博主这样的职业不能成为自由职业，因为也是有 MCN 机构管理的正式工作岗位，因此，将此问题修改为填空题，不限制选项。

（3）第二部分中"使用了一个特殊的签名"，对于特殊的理解和界定可能差别很大，因此补充表述特殊的（或有意义的）。

（4）有一些问题的表达很相似，被试样本不知道问题的意义，修改方法为将一个构念下感觉相似的问题进一步打散打乱，以减轻被试理解上的费解以及对于问卷意图的推理猜测。

最后，本书形成了可以展开大规模调研的正式问卷。

3.3.3　数据收集

本书主要关注虚拟社区中社会线索对用户初始贡献意愿的影响，数据的收集平台为问卷星，主要采用网络问卷的形式发放。问卷星是中国一家规模较大的在线调研平台，允许用户创建、发布、收集和分析调查问卷数据，是一个广泛用户学术研究、市场调查和社会调查等不同领域的在线调查工具。有许多高质量的研究也采用了问卷星平台收集数据，数据质量有较好的保证[177,178]。问卷收集时间持续了三个月，最终共收集问卷816份。在数据筛选过程中，对于符合以下特征的问卷进行删除：①问卷不完整；②问卷回答时间太短（小于70秒）和太长（大于1500秒）；③没有提供准确虚拟社区名称；④测谎题回答矛盾；⑤问卷的评分均为统一分数的。

经过多轮筛选删减，最终获得有效问卷449份，有效问卷率为55%。样本的描述性统计特征如表3-2所示。其中，男性样本占比为39.20%，年龄分布集中在18~25岁和26~35岁，占比分别为78.20%和17.80%。样本中中国的各个地区均有涉及，虚拟社区的使用时间最大比例分布在3年以上（32.70%），其次为1~2年，比例为21.80%。总体上，样本分布均衡，基本符合《第50次中国互联网络发展状况统计报告》中的统计结果，充分说明样本具有较好的代表性，样本质量较高。

表3-2　样本的人口特征统计

变量	类别	样本量	比例（%）
性别	男性	176	39.20
	女性	273	60.80
年龄（岁）	18~25	351	78.20
	26~35	80	17.80
	36~45	12	2.70
	46~55	4	0.90
	大于55	2	0.40
学历	高中及以下	7	1.60
	大专	37	8.20
	本科	310	69.0
	硕士	60	13.40
	博士及以上	35	7.80

续表

变量	类别	样本量	比例（%）
	东北	105	23.39
	华北和华东	96	21.38
	华中	75	16.70
地区	西北	96	21.38
	西南	36	8.02
	华南	37	8.24
	国外	4	0.89
	小于 3 个月	55	12.20
	3~6 个月	43	9.60
	6 个月至 1 年	44	9.80
使用时间	1~2 年	98	21.80
	2~3 年	62	13.80
	3 年以上	147	32.70

3.4　数据分析

　　本书模型涉及的变量包括构成型指标（Formative Indicator）和反映型指标（Reflective Indicator）两类。其中，印象型和交互型社会线索为构成型指标，社会临场感、信任、初始贡献意愿均属于反映型指标。为了在同一个结构方程中分析这两种指标，选择合适的数据分析方法对于保证研究结果的正确性和可靠性尤为重要。构成型和反应型指标主要用于描述潜变量（Latent Variable）和其观测指标（Observed Indicator）间的不同关系[179,180]。它们的区别是：

（1）构成型指标中，观测指标被视为构成或导致潜变量的组成部分。构成型指标的关系是从观测指标到潜变量，即观测指标的变化导致潜变量的变化。构成型指标通常用于潜变量被认为是其观测指标的组合体时。例如，公司的整体绩效可以用财务指标（如营收增长、盈利能力和市场份额）表示。在构成型测量模型中，观测指标不一定需要高度相关，因为它们被视为共同定义潜在构建。这意味着观测指标可以是互补的，而不是相互交换的。

（2）反映型指标中，观测指标被认为是由潜变量引起的。潜变量被假定为观测指标的共同原因，潜变量的变化导致观测指标的变化。反映型指标通常用于潜变量代表了一种特质、属性或构建，认为它是潜在观测指标背后的共同原因。例如，智力是不同类型智力测试分数背后的共同原因。在反映型测量模型中，观测指标通常被认为高度相关，因为它们被视为共同受潜变量的影响，反映了共同的特征或特质。

结构方程模型（Structure Equation Modeling，SEM）是用来检验关于观察变量和潜变量，以及潜变量与潜变量之间假设关系的一种多重变量统计分析方法。目前，SEM 在计算方法上主要基于协方差的极大似然估计方法和基于方差的偏最小二乘法两种途径。AMOS 和 LISREL 分析软件主要是基于前者，PLS-Graph 和 SmartPLS 分析软件主要是基于后者进行数据分析。由于基于方差的偏最小二乘法的结构方程模型可以在同一个模型中处理构成型和反映型测量指标，因此，本书选择 Samrt PLS 2.0 软件进行数据分析。结构方程模型可以分成两部分：测量模型与结构模型。下面本书具体分析模型的检验过程。

3.4.1　信度与效度分析

本书所使用的问卷是经过大量的文献阅读，借鉴已经在其他研究中被验证过的量表，因此可以选择通过验证性因子分析测量问卷的信度和效度。验证性因子分析（Confirmatory Factor Analysis，CFA）通过将潜在变量与对应题项绘制测量模型，然后通过数据拟合，评估模型的拟合质量如何，如果模型拟合质量好，说明模型关系得到验证，反之需要进行题项的删除或更改。从表3-3可以看出，除了印象型和交互型社会线索属于构成型指标不需要测量量表的信度和效度之外，其他指标的Cronbachs Alpha均高于0.7，组合信度（Composite Reliability）均大于0.8，说明测量具有良好的信度。

表3-3　相关构念的信度与效度分析

	AVE	组合信度	R Square	Cronbachs Alpha
信任	0.729	0.915	0.469	0.876
初始贡献	0.719	0.885	0.614	0.807
情感临场感	0.797	0.922	0.287	0.872
意识临场感	0.783	0.878	0.245	0.737

同时，每个变量的AVE（所有平均变异数抽取量值）均大于0.5，说明测量具有良好的聚合效度。此外，采用SPSS软件对数据进行KMO和Bartlett的球形度检验（见表3-4），KMO大于0.5且P<0.001，说明因子的相关系数矩阵非单位矩阵，能够提取最少的因子又能解释大部分的方差，表3-5中显示提取的7个因子可以解释测量模型的66.335%，说明问卷的结构效度较好。

表3-4　KMO和Bartlett的球形度检验

取样足够度的Kaiser-Meyer-Olkin度量		0.794
Bartlett的球形度检验	近似卡方	2186.467
	df	66
	Sig.	0.000

表 3-5　测量模型解释的总方差

成分	初始特征值			提取平方和载入		
	合计	方差的 百分比（%）	累计方差 贡献率（%）	合计	方差的 百分比（%）	累计方差 贡献率（%）
1	9.221	30.736	30.736	9.221	30.736	30.736
2	3.431	11.438	42.174	3.431	11.438	42.174
3	1.968	6.559	48.733	1.968	6.559	48.733
4	1.690	5.635	54.368	1.690	5.635	54.368
5	1.378	4.594	58.962	1.378	4.594	58.962
6	1.136	3.788	62.750	1.136	3.788	62.750
7	1.075	3.585	66.335	1.075	3.585	66.335

注：提取方法为主成分分析法。

3.4.2　共同方法偏差检验

共同方法偏差（Common Method Biases）指因为同样的数据来源或评分者、同样的测量环境、项目语境以及项目本身特征所造成的预测变量与结果变量间人为的共变。这种人为的共变对研究结果造成严重的混淆并对结论有潜在的误导，是一种系统误差。本书采用两种方法对共同方法偏差问题进行检验。

第一种方法，采用 Harman 的单因子检验方法（Harman's Single Factor Test），通过计算模型中的单一因子最大方差解释率来评估共同方法偏差的影响[181]。根据表 3-3，将模型中的所有变量纳入因子分析中，根据特征值大于1 的原则可以提取 7 个因子，其中单个因子的最大化解释方差程度为 30.34%，不超过 40% 的标准，说明本书的共同方法偏差不严重。

第二种方法，本书采用相关性标记技术（Correlational Marker Technique），通过引入一个理论上与研究中的实质变量无关的标记变量控制共同方法方差[182]，例如，个体对绿色的态度[183]。在实证分析中，本书选用了一个与本书模型中相关系数最低的因子作为标记变量。接下来，将这些变量放入本书的模型中进行检验，测试这个标记变量对自变量社会线索和因变量初始贡献意愿是否产生影响。研究结果清晰地表明，这个标记变量对自变量与因变量不存在显著影响，说明共同方法偏差不显著，研究中自变量与因变量的关系可以反映真实的关系。

3.4.3 结构方程模型分析

通过 Smart PLS 2.0 中的 Bootstrapping 功能计算结构模型，对本书中的假设进行验证。需要说明的是，本书还控制了用户的信息需求满足、性别、年龄和受教育程度对初始贡献意愿的作用。首先对用户初始贡献意愿产生影响的变量是信息需求的满足[25,146]。当个体在社区中满足信息需求时，他（她）更有可能通过贡献内容来回报他人的帮助。而且，当个体获取信息的目标实现时，对社区的满意度会增加，可能提高用户的初始贡献可能性。此外，用户的个人特征也有可能影响用户初始贡献意愿的产生，因此，本书也将用户的性别、年龄和受教育程度包括在控制变量以内；最终，本书排除了由四个变量——信息需求满足、性别、年龄和受教育程度——在用户初始贡献意愿中解释的变动方差。

结构模型路径系数的显著性通过 T 值来判断，显著性结果如表 3-6 所示。根据结构模型的路径系数和显著性水平，可以确定本书模型的假设检验结果，如图 3-2 所示。从模型检验结果来看，整个模型的 R^2 值为 0.614，说明整个模型解释了因变量 61.4% 的变动方差，模型中的自变量与中介变量对初始贡献意愿具有较强的解释程度。同时，印象型社会线索和交互型社会线索对意识临场感、情感临场感和认知临场感影响的 R^2 值分别为 0.245、0.287、0.211，说明社会线索解释了社会临场感相当比例的变动方差。此外，社会临场感对信任影响的 R^2 值为 0.469，说明情感临场感和认知临场感解释了信任46.9%的变动方差。

表3-6　结构模型路径系数的显著性

路径	T值	标准	显著性水平
印象型社会线索→初始贡献意愿	5.247914		0.01
交互型社会线索→初始贡献意愿	3.153644		0.01
交互型社会线索→情感临场感	4.683402		0.01
交互型社会线索→意识临场感	3.498847		0.01
交互型社会线索→认知临场感	3.271578		0.01
交互型社会线索→信任	2.523184		0.05
信任→初始贡献意愿	7.668274	(1) 当T值>2.610时，p<0.01; (2) 当T值>1.977时，p<0.05; (3) 当T值>1.656时，p<0.1	0.01
印象型社会线索→信任	4.157822		0.01
印象型社会线索→情感临场感	6.756841		0.01
印象型社会线索→意识临场感	7.809757		0.01
印象型社会线索→认知临场感	5.198949		0.01
情感临场感→信任	2.631453		0.01
情感临场感→初始贡献意愿	0.205314		不显著
意识临场感→信任	0.008174		不显著
意识临场感→初始贡献意愿	1.409540		不显著
认知临场感→信任	23.642404		0.01
认知临场感→初始贡献意愿	10.791479		0.01

3.4.4　结果分析

根据结构方程模型的实证检验结果，可以获得本书的假设检验通过情况，如表3-7所示。本书提出的11个研究假设，有5个被拒绝，6个通过检验。接下来，分别对每个研究假设进行分析。

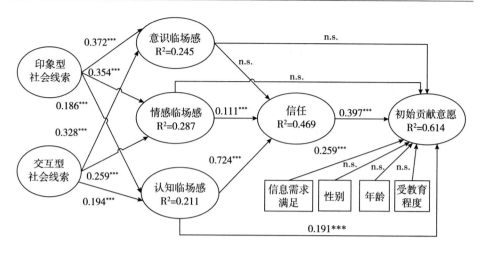

图 3-2　模型检验结果

注：＊＊＊表示 p<0.01；＊＊表示 p<0.05；＊表示 p<0.1；n.s. 表示不显著。

表 3-7　假设检验结果

假设提出	检验结果
H1a：用户使用印象型社会线索的程度越高，其初始贡献意愿越强	支持
H1b：用户使用交互型社会线索的程度越高，其初始贡献意愿越强	支持
H2a：意识临场感在印象型社会线索与用户初始贡献意愿关系中存在中介作用	拒绝
H2b：情感临场感在印象型社会线索与用户初始贡献意愿关系中存在中介作用	拒绝
H2c：认知临场感在印象型社会线索与用户初始贡献意愿关系中存在中介作用	支持
H2d：意识临场感在交互型社会线索与用户初始贡献意愿关系中存在中介作用	拒绝
H2e：情感临场感在交互型社会线索与用户初始贡献意愿关系中存在中介作用	拒绝
H2f：认知临场感在交互型社会线索与用户初始贡献意愿关系中存在中介作用	支持
H3a：信任在意识临场感与用户初始贡献意愿之间存在中介作用	拒绝
H3b：信任在情感临场感与用户初始贡献意愿之间存在中介作用	支持
H3c：信任在认知临场感与用户初始贡献意愿之间存在中介作用	支持

假设 H1a 和 H1b 通过检验，即用户使用印象型（v.s. 交互型）社会线索的程度越高，其初始贡献意愿越强。该研究结果表明，用户在加入虚拟社区时，使用越多的印象型社会线索，如上传头像、创建昵称、设置签名、提供个

人简介、创建个人页面等，那么该用户越有可能进行初始贡献。同时，使用越多的交互型社会线索，如即时通信、聊天室、显示"谁在线"、显示"谁正在做什么"、评论功能、私信、提醒等，那么该用户越有可能进行初始贡献。

假设 H2a 和 H2b 被拒绝，H2c 通过检验，即印象型社会线索与用户初始贡献意愿关系中，意识临场感和情感临场感不存在中介作用，仅认知临场感存在中介作用。同样地，假设 H2d 和 H2e 被拒绝，H2f 通过检验，即交互型社会线索与用户初始贡献意愿关系中，意识临场感和情感临场感不存在中介作用，也是仅认知临场感存在中介作用。该研究结果表明，用户刚加入社区时，由印象型（v. s. 交互型）社会线索建立的对其他人存在的意识，并不会促进用户产生初始贡献的意愿，这可能是因为其他人的在场只增加了用户对已发表内容的浏览，不会导致自身的内容贡献行为。同时，由社会线索建立的情感临场感可能只影响了用户与其他人建立社交关系，如对自己感兴趣的人进行关注，成为粉丝，但并不直接影响用户开始发表内容。而由社会线索建立的用户认知临场感则显著影响用户的初始贡献意愿，说明用户对所在虚拟社区的目的和管理规范的清晰了解，以及对其他人发表内容的顺畅理解对用户建立初始贡献意愿非常关键。

此外，假设 H3a 被拒绝，H3b 和 H3c 通过检验，说明信任在意识临场感与用户初始贡献意愿间不具有中介作用，而信任在情感临场感和认知临场感对用户初始贡献意愿的影响中具有中介作用。这说明，虚拟社区用户使用社会线索建立的意识临场感无法促进用户对社区以及对社区中用户产生信任，也不能促进用户的初始贡献意愿。而用户使用社会线索建立的情感临场感会通过提高用户对社区的信任感，进而增加其初次发表内容的意愿。用户的认知临场感显著增加了用户对社区的信任，进而提升了用户的初始贡献意愿。

最终，本书基于社会临场感理论探索了虚拟社区中印象型社会线索和交互型社会线索对用户初始贡献意愿的影响，通过科学严谨的数据分析发现，一部分影响路径得到了验证，一部分路径没有通过显著性检验。最终获得的研究模型中的影响关系如图 3-3 所示。

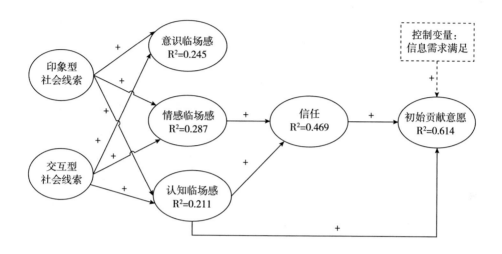

图 3-3　虚拟社区中社会线索对用户初始贡献意愿的影响机制

3.5　讨论与研究启示

3.5.1　讨论

本章的研究结论主要包括以下方面：

（1）用户使用社会线索的程度对用户的初始贡献具有显著正向影响，即虚拟社区用户使用社会线索的程度越高，其初始贡献意愿越强。对于有利于用户展示自我形象的印象型社会线索，用户使用社会线索的程度越高，例如，在注册虚拟社区会员时，用户上传头像照片比不设置头像的成员初始贡献的意愿越强。对于有利于用户建立双向沟通或实时互动的交互型社会线索，用户对其使用程度越高，说明用户的初始贡献意愿越强，例如主动加入虚拟社区兴趣聊天室的用户，进行初始贡献的意愿越强。

这一发现强调了社会线索在激励用户产生初始贡献意愿方面的重要性。社会线索不仅可以增加用户的参与度，还可以鼓励他们更积极地参与社区的内容贡献。通过提供印象型和交互型社会线索，虚拟社区可以激发用户的兴趣和愿望，从而促使他们在社区中做出贡献。这对于社区的活跃度和内容丰富度都非常有益。因此，虚拟社区运营者和管理者可以通过增加和改进社会线索的功能特征，鼓励用户更多地使用社会线索，从而提高用户的初始贡献意愿。这可能包括改进用户界面，提供更多展示自我和与其他用户互动的机会，以及创造更有吸引力的社交体验。通过这些措施，虚拟社区可以更好地激发用户的参与和贡献行为。

（2）虚拟社区的社会线索除通过直接效应促进用户的初始贡献意愿外，还通过社会临场感的中介作用影响初始贡献意愿。用户使用社会线索的程度显著正向影响用户在虚拟社区中的社会临场感，包括意识临场感、情感临场感和认知临场感三个维度。但研究发现，意识临场感和情感临场感的中介作用并不显著，只有认知临场感的中介作用显著影响。这说明对于刚加入虚拟社区的用户，由社会线索建立的对其他人存在的意识，并不驱动用户进行贡献行为，用户知道其他人的在场可能只增加其浏览内容或者对其他人行为的观察，不会导致发表内容；同时，对于刚加入社区的用户，由社会线索建立的感知与其他人的情感连接程度，即情感临场感也没有直接提高用户的初始贡献意愿，可能是因为用户的情感临场感只影响了用户与其他人建立社交关系，提高浏览社区内容的兴趣，但并不直接影响用户进行贡献内容的行为。研究还发现，由社会线索建立的用户认知临场感显著影响用户的初始贡献意愿，说明用户对所在虚拟社区的目的和管理规范的清晰了解，以及对其他人发表内容的顺畅理解对用户建立初始贡献意愿非常关键。对于虚拟社区管理人员而言，想要激发用户初始贡献的意愿，一定要提升用户在社区中的认知临场感，例如，通过游戏化的方式（如闯关、徽章或排名激励等措施）增强用户对社区发帖评价功能的认知以及对社区规范要求的认识[184]，使虚拟社区用户学习的自驱力进一步提升。

（3）由社会线索建立的社会临场感还通过信任的中介作用显著正向用户的初始贡献意愿。具体来说，基于社会线索产生的用户情感临场感和认知临场感两个维度均通过信任提升用户的初始贡献。首先，如前文所述，情感临场感反映的用户感知与其他人情绪的连接程度并不能直接导致用户开始发表内容，而通过用户对社区信任的建立，才导致初始贡献意愿。另外，用户的认知临场感显著增加了用户对社区的信任，进而提升用户的初始贡献意愿。

这一发现强调了信任在虚拟社区中的重要性，特别是在激励用户产生初始贡献意愿方面。社会线索不仅是一种激励机制，它还通过促进情感临场感和认知临场感的建立来增强用户对社区的信任。用户的信任感可以极大地影响他们是否愿意在社区中做出贡献。因此，虚拟社区运营者和管理者可以通过加强社会线索的使用和改进社区的信任机制来提高用户的初始贡献意愿。此外，这一发现还强调了社会线索和信任之间的复杂关系，不仅需要激励用户参与社交互动，还需要建立用户对社区的信任，以确保他们愿意贡献有价值的内容。因此，社会线索的设计和实施需要更全面的考虑，以便在虚拟社区中实现更积极和有益的用户互动及贡献行为。

本章在虚拟社区用户参与领域贡献了一定的理论价值，具体来说：首先，本章构建了社会线索对用户初始贡献意愿影响的理论模型，深入研究了社会线索在用户初始贡献意愿产生中的影响机制。这填补了现有研究对用户初始贡献意愿关注不足的缺口，为理解用户参与虚拟社区的动机和行为提供了更深入的洞察。通过明确社会线索如何激发用户产生初始贡献意愿，有助于虚拟社区运营者更有针对性地制定激励政策和改进社交互动功能，从而提高用户的参与度和贡献行为。其次，研究解释了虚拟社区的技术特征背后的行为学原理。这不仅有助于学术界深入理解虚拟社区中用户行为的规律，还为虚拟社区实践运营人员提供了理论基础。通过深入探讨社会线索、社会临场感、信任等概念间的关系，本书为虚拟社区的设计和管理提供了有益的参考。虚拟社区运营者可以借鉴研究结果，更好地理解用户需求，改进社区特性，提高用户的满意度和忠诚度。总之，本章在虚拟社区领域做出了有价值的贡献，拓展了理论框架，为实践提供了指导原则，有助于更好地理解和管理虚拟社区中的用户行为和参与度。

3.5.2　研究启示

本章的成果可以为虚拟社区的运营商和管理人员提供有价值的指导建议，主要包括以下几个方面：

（1）虚拟社区在设计功能特征时，应该重视与提供印象型社会线索和交互型社会线索有关的技术支持。由于用户使用社会线索的程度积极影响用户的初始贡献意愿，在新用户注册账号加入虚拟社区时，可以设置任务指引，鼓励用户上传头像、设置用户名、添加个性签名等；同时，为了减少用户的认知成本，社区可以提供可选择的个性签名标签，让用户通过点击鼠标选择代表自我个性的签名，以减少撰写自然语言文字所花费的时间，从而提高用户使用印象型社会线索管理社区中的自我身份形象。此外，由于交互型社会线索积极影响用户的初始贡献意愿，在注册完成后，可以设定个性化的指引方式，告知新用户交互型社会线索的位置，以方便用户快速上手。

（2）考虑到用户的认知临场感和信任在构建社会线索与用户初始贡献间的重要中介作用，虚拟社区应该努力提高用户对社区目标和管理规范的充分了解。这可以通过改进社区内信息的排列方式和优质内容的推送而实现。社区管理者可以确保重要信息和准则易于访问和理解，并采用个性化推荐系统向用户展示符合其兴趣和需求的内容。此外，建立积极的社区与用户关系，提高用户对社区的信任感也是至关重要的。这可以通过回应用户反馈、提供良好的客户支持和建立社区准则的透明性实现。最终，这些举措将有助于提升用户在社区中产生的初始贡献意愿，增加他们的参与度和忠诚度。

综上所述，虚拟社区可通过提供技术支持、改进信息传达和推送方式、以及建立积极的用户关系促进社会线索的有效利用，从而增强用户的初始贡献意愿，提高社区的活跃度和用户满意度。

3.6　本章小结

本章从虚拟社区用户的初始贡献入手，基于社会临场感理论和信任理论，系统检验了虚拟社区中印象型社会线索和交互型社会线索对用户初始贡献意愿的影响机制，并构建了社会线索对用户初始贡献影响的理论模型。实证分析环节，利用 449 名用户的一手调研资料对研究模型进行验证；考虑到理论模型中同时包含构成型和反映型测量指标，因此选择基于方差的偏最小二乘法（相比于基于协方差的极大似然估计方法）的结构方程模型进行数据分析，正确性和可靠性更高。数据分析结果显示，11 个研究假设中，有 6 个通过检验，5 个被拒绝。

本章的主要结论：①虚拟社区用户使用印象型和交互型社会线索的程度正向影响初始贡献意愿，说明虚拟社区需积极提供社会线索相关功能并鼓励用户使用。②用户使用两种社会线索的程度显著正向影响用户在虚拟社区中的社会临场感，包括意识临场感、情感临场感和认知临场感三个维度；但意识临场感和情感临场感对两种社会线索的中介作用并不显著，只有认知临场感的中介作用显著，说明认知临场感是虚拟社区应该尤为关注的用户体验，应该通过多种渠道和方式（如游戏化设计、个性化导航等）优化用户的认知临场感体验。③基于社会线索产生的用户情感临场感和认知临场感两个维度均通过信任提升用户的初始贡献，说明用户的意识临场感必须配合其他维度的临场感体验才能对用户的初始贡献产生实际作用，否则过多的投入对社区持续性运营益处并不大。最终，本章对研究结果进行了讨论，并提出了相应的研究启示。

第4章　虚拟社区中社会线索对用户持续贡献意愿的影响研究

4.1　研究问题描述

Web 2.0 技术的出现带来了学习和信息交流的下一波创新浪潮。Web 2.0 意味着更具互动性、定制性、社交性和媒体化的互联网媒介技术。Web 2.0 下的互联网已经从一种媒介（信息被传输和消费）转变为一个平台（内容被创建、共享、重新混合和重新利用）[185]。Web 2.0 的一个重要特征是在线创建和发布内容几乎与阅读内容一样容易。换句话说，Web 2.0 提供了在线社交空间（虚拟社区），拥有共同兴趣的人可以轻松地创建和交换信息。

虚拟社区有多种类型。它们的开发是为了服务不同的目的，例如精神支持、信息/知识交流、娱乐、协作和生产等。这些社区的出现及其对学习和信息交流的适用性引起了很多关注。然而，这些社区的价值和机会在很大程度上仍然取决于成员的持续参与以及向其他人推荐社区的意愿。Preece 发现，许多最初活跃的虚拟社区未能留住其成员，并已成为"网络鬼城"。因此，深入理解成员继续使用虚拟社区并将其推荐给其他人的心理机制非常重要[186]。以前的研究主要集中在人们加入虚拟社区的原因[187]。如前文所述，只有相当数量的成员愿意留下来并与他人交换信息时，虚拟社区的价值才能实现。用户持续贡献新的内容是虚拟社区运营成功的关键[188]。因此，有关虚拟社区用户持续贡献的研究已成为业界与学届共同关注的研究课题，众多学者从不同的角度对其进行深入研究。最近，许多研究探讨了维持社区成员积极参与的挑战[189,190]。社区关系管理的研究表明，通过会员推荐（正面口碑）创建永久的会员吸引力也很重要[191]。Algesheimer 等通过使用来自欧洲汽车俱乐部成员样本的调查数据和结构方程模型方法，探索了消费者对虚拟品牌社区的认同导致积极行为反应［例如，更大的社区参与度］，以及负面行为反应（例如，规范的社区压力和（最终）电抗），并进一步检验了消费者品牌知识与品牌社区规模的调节作用。

基于国内外研究现状可以发现，已有研究主要从社会认同理论、动机理论、社会资本理论、社会影响理论、承诺理论、期望确认理论、观察学习理论、领导成员交流理论等多个角度取得了相当丰富的成果。然而，这些研究基本从社会心理学领域探索虚拟社区用户持续贡献意愿的影响因素和内在心理机制，本质上是基于虚拟社区的技术特征已经给定的前提下进行的；但对于虚拟社区的技术特征，尤其是在通信技术领域普遍关注的沟通交流中社会线索功能的使用，对于用户在通信媒介中的互动交流非常重要，而现有研究对于两者间的关系并没有给予解答。

在此背景下，本书借鉴通信技术领域的社会临场理论，探索虚拟社区中社会线索是否影响用户的持续贡献意愿以及如何影响，以获得社会线索对用户持续贡献意愿的影响机制。这对于补充、丰富虚拟社区用户行为领域的相关成果，并为虚拟社区的运营管理都提供了重要的参考价值。

4.2　理论分析与假设提出

4.2.1　虚拟社区中社会线索对用户持续贡献意愿的影响

虚拟社区用户经过初始贡献后，用户对社会线索的使用将伴随着用户在社区活动中而扩大传播扩散的范围，用户发表的内容可能被更多的人看到，由此增加了用户在社区中与其他用户交流的可能性。首先，用户使用印象型社会线索的程度越高，说明其向其他人展示的信息越多，越希望其他人对其想要展示的身份了解得更清晰（这里的身份是虚拟身份，可以与现实世界中的身份一致或不一致，本书只关注用户建立的虚拟身份，不关注之间的差异）。例如，虚拟社区中，用户可以通过签名（如表达某种态度的一句话）、个人页面（包括兴趣、习惯、经历、教育背景）、用户名（虚拟名字或真实姓名），或者虚拟化身（如喜欢的明星、动物，或者真实的照片的头像）展现自己的个性。Blanchard 和 Markus 通过观察在线运动社区发现，建立在线身份可以显著促进成员之间的交流[192]。在身份清晰的情况下，信息的获取和沟通更加有效，用户愿意付出更多的精力和时间处理信息[193]。其次，从关系构建角度来看，印象型社会线索的使用，可以向其他人表明自己的兴趣、价值观、社会组织和经历，有利于吸引具有相似爱好或者对其身份感兴趣的其他人建立社交关系[194]，从而促进用户继续留在社区，提升用户持续贡献的可能性。

交互型社会线索是虚拟社区提供的有利于双向沟通或实时互动的功能特征，如评论功能、私信、在线或离线状态等。用户使用交互型社会线索的程度高，一方面能够反映用户与虚拟社区平台互动（即 User-machine Interaction）中具有更好的控制能力（Active Control）[165]。也就是说，用户可以自如地、恰当地使用交互性社会线索的相关技术功能，以及完全基于自己的目标和偏好从一个功能切换到另一个功能。对虚拟社区平台的积极控制感。另一方面说明用户与信息互动（即 User-message Interaction）中同步性更高。同步性（Synchronicity）指用户输入的信息和他们收到响应同时发生的程度[165]。虚拟社区环境下，用户可以突破时间和地理位置的限制进行交流，大大提高了用户建立沟通交流关系的人群规模和分布范围。但作为非同步的计算机交流媒介，一个用户发表的内容可能会在几个小时或几天后，甚至几个月后才会获得其他用户的响应，降低了人们的沟通效率。虚拟社区提供的交互型社会线索越丰富，用户越有可能通过交互型社会线索的使用，及时地收到所关注用户发表信息的提醒，那么用户对信息的响应性可能越快，以最大限度地实现同步交流体验。用户同步性的在线沟通体验会进一步地提高用户参与互动的积极性[195]，从而有利于刺激其持续产生内容。

基于以上分析，本章提出如下理论假设：

H1a：用户使用印象型社会线索的程度越高，其持续贡献的意愿越大。

H1b：用户使用交互型社会线索的程度越高，其持续贡献的意愿越大。

4.2.2　社会临场感和心流体验的链式中介作用

本章提出虚拟社区中社会线索影响用户持续贡献意愿的内在心理机制是一个链式中介效应，即由用户使用社会线索激活的社会临场感通过影响心流体验影响持续贡献。链式中介效应指自变量与因变量间同时存在多个中介变量，且表现出顺序性特征，形成了中介链[196]。链式中介概念通常应用于心理学、社会学、营销学和其他社会科学领域，以帮助研究者理解影响因变量的因素间的复杂关系[197-199]。

社会临场感作为媒介沟通领域学者们非常关注的一种虚拟体验，是决定媒介沟通有效性的关键指标。基于计算机为媒介的沟通环境下（特别是虚拟社区中），用户间很难如面对面沟通一样，可以充分结合语言（如语音、语调等）和非语言表达方式（如面部表情、手势等）进行互动交流；用户间的互动交流主要依靠文本、语音和图片等传递方式。因此，虚拟社区提供的印象型社会线索越多，用户在社区中越容易通过个人身份信息发现并评估感兴趣的互动对象，增强意识临场感和认知临场感。进一步地，用户意识到其他用户的在场或存在后，才有可能自主地、明确地选择愿意与之建立和发展社交关系，从而产生一定程度上的情绪与情感连接，增强在社区中情感临场感的体验。如前文所述，虚拟社区提供的交互型社会线索越多，用户在社区中的社会临场感体验越高，这与先前研究证明的观念一致。例如，张洪等证明其他人的即时反馈、隐私感和情感响应是社会临场感形成的前因[110,200]；Han 等提出，Facebook 企业用户与消费者进行一对一对话，以及自我披露信息促进了社会临场感的形成[201]。

现有研究在多种场景中探讨了社会临场感对用户的认知态度或行为意向的影响[202]。例如，胡勇在在线学习论坛中证实，社会临场感对学习效果满意度存在积极影响[203]。Ogara 等研究表明，社会临场感显著影响移动即时通信用户的满意度[204]。Lin 等在社交网站中探索发现，社会临场感通过用户对网站的满意度与归属感的中介作用，正向影响用户持续使用意愿[205]。Ogonowski 等在电子商务网站的研究表明，社会临场感影响了用户对网站有用性、趣味性和信任的感知[206]。

心流体验指个体在进行某项活动时，完全投入其中，全身心地专注于活动本身，感觉时间似乎停滞，自我意识减少，并且获得了深刻的满足感和愉悦感的状态[140]。具有心流体验的个体在某项活动上愿意投入大量的精力，即便没有报酬，也能感受到非常高的愉悦感和满意度。心流体验是一个多维构念，具体包括专注感、控制感和愉悦感三个方面[144]。心流体验是驱动个体持续参与某种行为的内在心理动机。例如，Brabham 在研究用户参与众包社区的动机发现，用户在完成社区任务时体会到心流体验的用户更容易会持续参与社区[207]。其他在互联网使用、网络游戏、虚拟社区等多个领域也有相关成果探索了心流体验和用户行为间的关系。心流体验对用户行为的积极影响主要是由于它提供了高度的投入感和满足感，有助于提高工作效率、学习能力，降低焦虑，从而提高生活质量。因此，许多设计和应用领域都试图创建和提供条件，以帮助人们进入心流状态，从而获得更好的用户体验和成果。

作为心流体验的重要前因变量，社会临场感描述了个体在社交互动中感知到其他在线参与者的存在和影响程度，以及对其他人的心理、情感和意向状态的感知。例如，Animesh 等探索了虚拟游戏中社会临场感通过影响用户的心流体验，显著影响用户对虚拟产品的购买意愿[208]。本章提出，与心流体验相关的社会临场感方面包括意识临场感、情感临场感和认知临场感。本章将有针对性地分析社会临场感对心流体验产生影响的逻辑路径：

首先，影响心流体验的是个体能否感知到其他在线参与者的存在。当个体清楚地感知到他们正在与他人互动时，他们更有可能投入到当前活动中。这种意识临场感提醒个体他们处于社交环境中，激发社交参与的兴趣。当个体感知到其他人存在时，他们也可能受到其他人观察和评价的影响，可能导致自我意识的增加。然而，虚拟社区本身是在线社交环境，加入虚拟社区的用户不会排斥其他虚拟用户，同时虚拟社区中的用户身份信息是自己设定的，可以选择设置为完全匿名、部分匿名或者真实的身份信息。因此，用户在虚拟社区产生的这种自我意识是积极的，可以增强个体的专注和挑战感，有助于心流体验。

其次，情感临场感涉及个体感知到其他人的情感状态以及他们对个体情感的影响。当个体感知到其他人的情感反馈时，可能会对他们的情感参与度产生影响。积极的情感互动可以提高愉悦感，促进心流体验。此外，情感临场感可以通过社交支持和情感交流增强心流体验[209,210]。个体在社交环境中获得支持和积极情感反馈时，更有可能感到满足和愉悦。

最后，认知临场感涉及个体感知到其他人的认知状态、思考和意向。当个体认识到他们与他人共享目标、任务或信息时，他们可能更容易专注于共同的任务，从而促进心流体验。此外，认知临场感可以通过协作和共同解决问题的机会增强心流体验[211]。个体与他人合作，共同克服挑战，这种合作和认知互动可以激发兴趣，提高任务的挑战性，促进心流体验的形成。

在虚拟社区中进入心流体验的用户，需要将自己的注意力完全投入到自己所撰写的内容、可以熟练使用社区工具完成自己的工作、贡献过程感到心情愉悦。作为一种目的性体验（Autotelic Experience），心流体验已经成为激励人们重复参与某项活动的内在动因。在多种场景下的研究发现，心流体验对互联网用户的认知、态度和行为意向有影响。例如，在线学习环境下，心流体验通过影响在线课程的满意度对在线学习的持续意愿存在显著影响。在社交网站环境中，心流体验通过用户的使用满意度影响网站的持续使用意愿。此外，对于网络游戏环境，心流体验可以通过影响玩家的享乐主义和满意度对口碑推荐和持续使用行为产生显著影响。

基于以上分析，我们提出：

H2a：用户对印象型社会线索的使用通过意识临场感和心流体验的链式中介正向影响用户的持续贡献意愿。

H2b：用户对印象型社会线索的使用通过情感临场感和心流体验的链式中介正向影响用户的持续贡献意愿。

H2c：用户对印象型社会线索的使用通过认知临场感和心流体验的链式中介正向影响用户的持续贡献意愿。

H2d：用户对交互型社会线索的使用通过意识临场感和心流体验的链式中介正向影响用户的持续贡献意愿。

H2e：用户对交互型社会线索的使用通过情感临场感和心流体验的链式中介正向影响用户的持续贡献意愿。

H2f：用户对交互型社会线索的使用通过认知临场感和心流体验的链式中介正向影响用户的持续贡献意愿。

4.2.3　心流体验在信任和持续贡献意愿间的中介作用

如前文所述，社会临场感积极影响用户对所处社会环境产生信任，在此，本书提出信任对持续贡献意愿的影响是通过心流体验的部分中介作用产生的。

一方面，用户对虚拟社区的信任直接影响用户的持续贡献意愿。用户对虚拟社区的信任指个体知觉虚拟社区有益于自己的信心程度[138]，包括对虚拟社区管理者以及虚拟社区其他成员在善意、能力和诚信三个方面的评价[5]。具体地，用户通过感知管理者是否在意用户的需求、管理社区的能力，以及不会为了自身利益损害任何一个成员的利益，对虚拟社区管理者形成信任。研究表明，对虚拟社区管理者的信任与用户在社区中的尽责性（Conscientiousness）积极相关[212]。虚拟社区中用户的尽责性指用户在自愿的行为活动中表现出超出平均水平的努力或时间，自我改善以提高共享知识的质量，以及遵守社区管理规范等。之前的研究表明，高水平的尽责性反映了个体参与组织活动的强烈意愿[5]。因此，有责任感的人更有可能持续地参与社区中的知识贡献行为。

此外，用户对社区成员的信任表明了对成员的信念，包括成员的善意（在他们的能力范围内帮助其他人）、诚信（不利用他人，不故意破坏成员之间的对话）和能力（对正在讨论的问题有足够的认识）[213]。对成员的信任激励用户产生利他倾向（Altruism）[212]，虚拟社区中的用户自愿地贡献自己的知识和经验帮助其他成员，以提高其他人的福利，即使自己付出一些成本，如时间、精力和其他成本；利他行为对于用户自身也有一定的好处，当用户将来需要其他成员帮助时，可能更容易获得其他人的回馈。用户的利他倾向与知识贡献行为具有显著相关关系，Fang 等在开源社区中发现，利他可以促进编程爱好者参与开源项目开发[49]。因此，推断利他倾向可以促进用户在社区中持续贡献内容。

另一方面，用户对虚拟社区的信任促进了心流体验的产生，心流体验的提高进一步增加了用户的持续贡献意愿。心流体验是一种将个人精神力完全投入到某项活动中的感觉，达到一种忘我的状态，而且伴随着心流产生，会有高度的兴奋感[149]。在日常生活中，如当你在家打游戏时，感觉到天很快就黑了，再如废寝忘食地开发一款软件，这些情况完全投入在眼前的活动中，忽视了时间、空间甚至自己的存在，这种状态就是心流体验。在虚拟社区中，虚拟的空间和匿名环境导致交流的不确定性增加，用户在社区中贡献内容可能存在风险，例如隐私泄露、收到其他人的恶意评论或者侵权使用等[214]。也因为有知觉风险的存在，使用户在贡献内容时会犹疑或者不确定哪些内容需要隐藏以减少风险。在用户对虚拟社区信任的情况下，他会相信社区可以提供可靠的信息、关心用户的利益、有合理的管理规范，让用户不必再担心隐私泄露等问题，使用户心无旁骛，从而专心地投入到发表内容表达观点上，促进心流体验的产生[141]。研究发现，心流体验可以积极影响用户的持续性行为，例如，社交游戏环境下用户的心流体验促进了其持续使用意愿[148]；同样，在社交网站中，用户心流体验与感知社会资本对持续参与意愿均具有显著影响[149]。因此，用户在虚拟社区中的心理体验可能会提高用户的持续贡献意愿。

基于以上分析，本章提出以下假设：

H3a：信任对用户持续贡献意愿产生正向影响。

H3b：心流体验在信任和持续贡献意愿之间存在中介作用。

最终，本章构建的理论模型如图 4-1 所示：

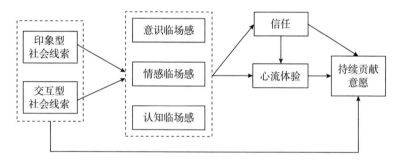

图 4-1 虚拟社区中社会线索对用户持续贡献意愿的影响模型

4.3 研究设计

4.3.1 量表选择与问卷设计

本章采用问卷调查的方法收集数据检验理论模型。模型中变量的测量借鉴已经在相关研究中被验证过的成熟量表，以保证量表的内容效度。问卷中的问项采用了 Likert 7 分量表的方式，其中 1 分代表非常不同意，7 分代表非常同意，1~7 分反映了样本对问项的赞成程度。

本章共涉及 5 个构念，其中，社会线索与社会临场感这两个构念的测量量表与第 3 章中对社会线索的测量方法一致，社会线索的测量量表借鉴 Ma 和 Agarwal[10]，社会临场感的量表借鉴 Shen 和 Khalifa，包括意识临场感、情感临场感和认知临场感三个维度[11]。本章中心流体验构念的测量量表借鉴 Koufaris 提出的包括专注、愉悦和感知控制三个维度[144]；对持续贡献意愿的测量量表采用 Bhattacherjee 对持续意向的测量问项[215]，根据理性行为理论，意向可以显著预测行为[216]，心流体验和持续贡献的测量问项汇总如表 4-1 所示。

表 4-1　心流体验和持续贡献意愿的测量量表

构念	维度	问项
心流体验	专注（FOC）	①社区中的内容非常吸引我 ②我的注意力完全专注在社区中的活动
	愉悦（ENJ）	①最近一次参与该社区时，我感觉充满了兴趣 ②最近一次参与社区时，我感觉愉快 ③最近一次参与社区时，我感觉令人兴奋 ④最近一次参与社区时，我感觉放松
	感知控制（PCO）	①在该社区中，我有能力回答他人的问题或分享自己的经验 ②我认为我分享的信息是有价值的 ③我相信我能准确表达自己的观点 ④我参与该社区的过程中感到焦虑 ⑤我参与该社区的过程中感到充实 ⑥我参与该社区的过程中感到空虚
持续贡献	持续贡献意愿（ICI）	①我愿意继续在该社区中贡献知识或信息，而不是停止 ②我打算继续使用这个社区，而不是去其他类似的社区

由于量表均来自英文文献，本章采用"翻译—回译"过程形成中文初始量表[176]。首先，安排第一名研究助理将选定的英文量表翻译成中文，再由第

二位研究助理将前面的中文量表翻译为英文。其次，比较原英文量表与译量表的差异，对存在歧义的地方进行讨论修改。重复以上的"翻译—回译"过程，直至翻译量表和原始英文量表在表述内容上基本一致。最后，将中文量表作为本章的初始量表。

基于选定的测量量表，本章就可以设计所使用的调查问卷。本章的问卷包括四部分内容：第一部分是对虚拟社区的概念进行描述和举例，以帮助研究样本能够清楚地知道本章所研究的虚拟社区是什么；第二部分是研究样本的基本信息，如性别、年龄、职业、受教育程度、所在地区等；第三部分是关于研究样本使用虚拟社区的基本情况，如使用虚拟社区的时间、平均每周花费的时间、发帖频率等；第四部分是问卷的核心部分，对样本在虚拟社区中的贡献行为进行调查。最终，形成本章的调查问卷。

在正式问卷前，需要进行问卷的预测试，以保证最终问卷设计的有效性。预测试环节，邀请不同年龄、性别、职业的 30 名虚拟社区用户，通过预约时间划分为五组，分别安排在一间小型会议室填写问卷。在填写前，向预测试样本说明问卷的填写不限时间，需要每个人对问卷中不易理解、存在模糊或者歧义的地方进行标记，待问卷填写完成后反馈给现场的研究助理。待每组所有人的问卷全部完成后，统一收集问卷意见，研究助理对于预测试样本的标记进行快速梳理和确认。待明确所有反馈意见后，对初始问卷进行认真细致的完善修改。最终形成本章的正式问卷。

4.3.2　数据的收集与描述性统计

本章的调查问卷通过问卷星平台发放，共收集问卷 837 份。作为国内最大的调研数据收集平台之一，问卷星平台提供多种多样的题型模板，同时支持手机和电脑填写，可以支持多种社交平台的群发，以及强大的数据统计分析功能，能够充分满足问卷设计的简洁直观和界面美观的要求，研究成果已获得心理学、营销、医疗和信息系统等多领域高质量学术期刊的认可与发表。

与上一章对有效问卷的筛选方式保持一致，本章对于问卷回答时间过短、过长，数据回答有缺失，没有提供明确的虚拟社区名字，以及反转项问题回答矛盾的问卷予以删除，最终获得有效问卷449份，有效问卷率为53.6%。对研究模型涉及的相关变量进行相关系数分析，结果如表4-2所示，变量间的系数均小于0.7，说明不存在多重共线性问题。

表4-2　变量间的相关系数

	1	2	3	4	5	6	7	8
交互线索	1.000							
信任	0.208	1.000						
印象线索	0.504	0.261	1.000					
心流体验	0.309	0.648	0.375	1.000				
情感临场感	0.407	0.195	0.487	0.335	1.000			
意识临场感	0.347	0.210	0.458	0.298	0.451	1.000		
持续贡献	0.231	0.525	0.319	0.657	0.307	0.3	1.00	
认知临场感	0.363	0.677	0.434	0.667	0.423	0.360	0.558	1.000

4.4　数据分析

4.4.1　信度与效度分析

信度与效度分析主要用来检验测量模型的可靠性和准确性[217,218]。其中，信度（Reliability）指一种方法测量某物的一致性。如果在相同情况下使用相同的方法可以始终如一地获得相同的结果，则测量被认为是可靠的。信度的检测主要通过检查结果在不同时间、不同观察者和测试本身各部分间的一致性。

效度（Validity）指一种方法测量某物的准确度。如果研究具有很高的有效性，则意味着它产生的结果与物理或社会世界中的真实属性、特征和变化相对应。效度的检测是通过检查结果与同一概念的既定理论和其他措施的对应程度。可靠性和有效性密切相关，但它们的含义不同。一个可靠的测量并不总是有效的：结果可能是重复的，但它们不一定是正确的。而一个有效的测量通常是可靠的：如果测试产生准确的结果，它们应该是可重复的。

信度检验方面，表 4-3 中组合信度和 Cronbachs Alpha 系数值均能反映测量模型的稳定性和可靠性，其中，Cronbachs Alpha 系数均大于 0.7，组合信度均大于 0.8，表明构念的测量具有良好的信度。同时，平均方差抽取量（AVE）均高于阈值 0.5，说明测量指标具有较好的聚合效度。

表 4-3 相关构念的信度与效度

	AVE	组合信度	R Square	Cronbachs Alpha
信任	0.729073	0.914969	0.469069	0.876258
心流体验	0.732019	0.891211	0.527551	0.817932
情感临场感	0.796994	0.921710	0.274658	0.872497
意识临场感	0.786274	0.880076	0.234352	0.737416
持续贡献	0.772051	0.871303	0.544953	0.706460
认知临场感	0.607095	0.901888	0.212572	0.867905

效度检验方面，首先，本问卷涉及核心构念的测量问项均来自现有文献已被验证过的成熟量表，具有良好的理论基础。其次，进一步采用 SPSS 软件对数据进行 KMO 和 Bartlett 的球形度检验，效度检测结果如表 4-4 所示，KMO 大于 0.5 且 P<0.001，说明因子的相关系数矩阵非单位矩阵，能够提取最少的因子解释大部分的方差。此外，表 4-5 解释的总方差中显示，提取出来的 9 个因子能够解释测量模型 65.71% 的内容，说明本章使用的调研问卷具有较好的结构效度。

表 4-4　KMO 和 Bartlett 的球形度检验

取样足够度的 Kaiser-Meyer-Olkin 度量		0.913
Bartlett 的球形度检验	近似卡方	10134.724
	df	820
	Sig.	0.000

表 4-5　解释的总方差

成分	初始特征值			提取平方和载入		
	合计	方差的百分比（%）	累计方差贡献率（%）	合计	方差的百分比（%）	累计方差贡献率（%）
1	12.055	29.401	29.401	12.055	29.401	29.401
2	4.038	9.849	39.250	4.038	9.849	39.250
3	2.213	5.397	44.647	2.213	5.397	44.647
4	1.982	4.834	49.481	1.982	4.834	49.481
5	1.734	4.230	53.711	1.734	4.230	53.711
6	1.455	3.549	57.260	1.455	3.549	57.260
7	1.258	3.068	60.328	1.258	3.068	60.328
8	1.137	2.773	63.101	1.137	2.773	63.101
9	1.071	2.612	65.714	1.071	2.612	65.714

4.4.2　共同方法偏差检验

在社会科学和组织研究领域，共同方法偏差（Common Method Bias，CMB）主要研究潜在问题[181,219,220]。当数据通过自我报告问卷或调查收集时，这一问题可能会出现。它指的是一种系统性错误或偏差，可能会发生在受访者对多个项目或问题的回答受到一个共同因素影响时，通常与数据收集方法相关，而不是与实际测量的构念相关。换句话说，因为数据收集方法本身影响了回答，导致相关性被夸大或结果被扭曲。为减轻 CMB，研究人员可以采用各种策略，如平衡问题顺序、使用反向编码的项目、采用不同的响应格式，以及使用多种数据来源或数据收集方法。此外，一些统计技术可以帮助评估研究中常见方法偏差的存在和程度。本章采用了两种统计分析方法检验共同方法偏差，分别为：Harman 的单因子检验方法（Harman's Single Factor Test），以及标记变量技术（Marker Variable Analysis）。

首先，通过 Harman 的单因子检验方法计算模型中的单一因子最大方差解释率以评估共同方法偏差的影响。根据表 4-5 可知，将模型中的所有变量纳入因子分析中，根据特征值大于 1 的原则可以提取 9 个因子，其中单个因子的最大化解释方差程度为 29.40%，说明共同方法偏差对本章研究没有显著的影响。其次，采用标记变量技术（Marker Variable Analysis）在同一个数据库中选用了一个与本章模型中相关系数最低的因子作为标记变量，测试该变量对本章自变量和因变量的影响[221]。检测结果表明，这个标记变量对社会线索与持续贡献意愿均没有显著影响，说明共同方法偏差对本章研究的影响可以忽略。

4.4.3　结构方程模型分析

接下来对结构模型的路径假设进行验证。采用 Smart PLS 2.0 软件对结构模型进行运算。同时，本章还控制了信息需求满足、注册期限、性别和受教育程度对用户持续贡献意愿的作用。首先，对用户持续贡献意愿产生影响的变量是信息需求的满足[42,222]。当个体在社区中满足信息需求时，他（她）更有可能通过贡献内容来回报他人的帮助。而且，当个体获取信息的目标实现时，对社区的满意度会增加，也会影响用户贡献行为的发生概率。其次，成为虚拟社区会员的时间越长，越有可能更多地参与社区发展并为社区做出贡献，即发表内容。这是因为随着时间的推移，用户在虚拟社区中积累了更多的经验和了解，使他们更加熟悉社区的规则、文化和成员，从而更容易参与和贡献；用户有更多机会建立社交联系和网络，在虚拟社区中建立稳定的社交关系可能会促使用户更频繁地互动和贡献，因为他们感到更加与社区成员有关；注册时间较长的用户可能会更忠诚于社区，可能更倾向于长期参与和支持社区的目标，因为他们已经在社区中度过了相当长的时间；用户可能会提高他们在虚拟社区中的知识水平和技能，可能使他们更有能力为社区提供有价值的贡献；注册时间较早的用户可能有更丰富的历史记录，可以展示他们的贡献和参与历程。这些可能会增加他们在社区中的声誉和可信度，进而鼓励他们持续贡献。所以，本章将注册期限作为影响虚拟社区用户持续贡献行为的控制变量。

此外，用户的个人特征也有可能影响用户持续贡献意愿的产生，例如性别方面。研究表明：①女性通常在持续性贡献方面表现出更高的耐心和坚持力，这可能导致一些女性用户更倾向于长期参与和贡献[223]；②在某些情况下，性别可能影响用户在社交互动方面的体验，用户可能更愿意参与与其性别相似的社交圈子或社群；③在一些社会中，男性可能更受鼓励和期望积极参与技术或开源社区，而女性可能面临更多的社会障碍。受教育程度方面：①一个人的受教育程度通常与知识和技能水平相关，具有更高受教育程度的用户可能更有能力为社区提供高质量的贡献；②受教育程度还可能与自信和自我效能感相关，导致受教育程度较高的用户可能更有信心参与和贡献；③受教育程度也可能影响用户的个人目标和动机，一些受教育程度高的用户可能更注重学习和知识分享。因此，本章也将用户的性别和受教育程度包括在控制变量以内。最终，本章排除了由四个变量——信息需求满足、注册期限、性别和受教育程度——在用户持续贡献意愿中解释的变动方差。

表4-6是结构模型检验中所有路径系数的显著性水平，基于T值的显著性水平判断标准为：当T值>2.610时，p<0.01；当T值>1.977时，p<0.05；当T值>1.656时，p<0.10。其中，意识临场感对心流体验的影响作用不显著，信任对用户持续贡献意愿的影响作用不显著。除此之外，其他作用路径均具有显著的影响效应。

表 4-6　路径系数的显著性水平

	T Statistics	标准	显著性水平
印象线索→持续贡献	3.158869		0.01
交互线索→持续贡献	1.693712		0.10
交互线索→情感临场感	3.601332		0.01
交互线索→意识临场感	2.781989		0.01
交互线索→认知临场感	3.342414		0.01
信任→心流体验	7.992026	(1) 当 T 值>2.610 时，p<0.01；	0.01
印象线索→情感临场感	6.634156		0.01
印象线索→意识临场感	7.746636	(2) 当 T 值>1.977 时，p<0.05；	0.01
印象线索→认知临场感	5.329686	(3) 当 T 值>1.656 时，p<0.10	0.01
心流体验→持续贡献	4.575997		0.01
情感临场感→信任	2.670492		0.01
情感临场感→心流体验	2.026495		0.05
意识临场感→心流体验	1.081415		不显著
认知临场感→信任	23.576501		0.01
认知临场感→心流体验	5.902742		0.01

　　将路径系数及其显著性水平反映在概念模型中，可以更直观地显示结构模型的实证分析结果，模型检验结果如图 4-2 所示。可以看出，虚拟社区用户持续贡献意愿的 R^2 为 0.545，表明整个模型解释了持续贡献意愿 54.5% 的变动方差。因此，社会线索、社会临场感、信任和心流体验对虚拟社区中用户持续贡献意愿的产生具有较强的解释力度。此外，信任的 R^2 为 0.469，心流体验的 R^2 为 0.527，分别表明有社会线索形成的社会临场感解释了信任 46.9% 的变动方差，解释了心流体验 52.7% 的变动方差，充分说明基于社会临场感的社会线索对虚拟社区用户持续贡献意愿有重要影响。

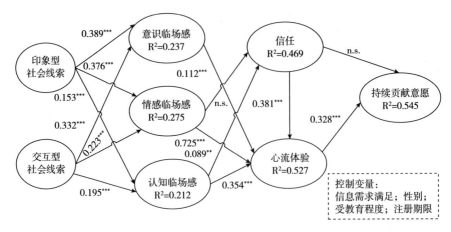

图 4-2　模型检验结果

注：＊＊＊表示 p<0.01；＊＊表示 p<0.05；n.s. 表示不显著。

4.4.4　结果分析

根据结构方程模型的实证检验结果，可以获得本书的假设检验通过情况，如表4-7所示。本书所提出的 10 个研究假设，有 3 个被拒绝，7 个通过检验。

表 4-7　假设检验结果

假设	结果
H1a：用户使用印象型社会线索的程度越高，其持续贡献的意愿越大	支持
H1b：用户使用交互型社会线索的程度越高，其持续贡献的意愿越大	支持
H2a：用户对印象型社会线索的使用通过意识临场感和心流体验的链式中介正向影响用户的持续贡献意愿	拒绝
H2b：用户对印象型社会线索的使用通过情感临场感和心流体验的链式中介正向影响用户的持续贡献意愿	支持
H2c：用户对印象型社会线索的使用通过认知临场感和心流体验的链式中介正向影响用户的持续贡献意愿	支持
H2d：用户对交互型社会线索的使用通过意识临场感和心流体验的链式中介正向影响用户的持续贡献意愿	拒绝
H2e：用户对交互型社会线索的使用通过情感临场感和心流体验的链式中介正向影响用户的持续贡献意愿	支持
H2f：用户对交互型社会线索的使用通过认知临场感和心流体验的链式中介正向影响用户的持续贡献意愿	支持
H3a：信任对用户持续贡献意愿产生正向影响	拒绝
H3b：心流体验在信任和持续贡献意愿之间存在中介作用	支持

本章基于社会临场感理论探索了虚拟社区中印象型社会线索和交互型社会线索对用户持续贡献意愿的影响机制，通过使用结构方程模型进行实证分析发现，大部分研究结果得到验证，最终获得的研究模型中的路径关系如图 4-3 所示。

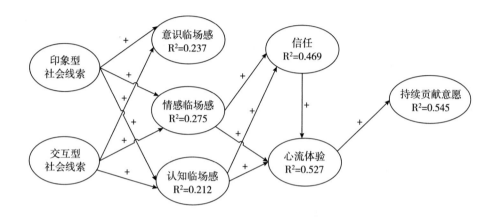

图 4-3　虚拟社区中社会线索对用户持续贡献意愿的影响机制

4.5　讨论与研究启示

4.5.1　讨论

本章的研究结论主要包括以下方面：

（1）用户使用社会线索的程度对其持续贡献具有显著正向影响，即用户使用社会线索的程度越高，其持续贡献意愿越强。因此，对于已经表现出初始贡献意愿的用户，他们在社区中已经开始使用一些社会线索功能。在完成初始贡献后，这些用户通过社会线索传递的形象和信息会进一步扩散。其他对该用户发表的内容感兴趣的用户可以与其交流，表示支持与赞同，从而激发用户更积极地进行基于自身身份和形象的交流传播，提高用户持续贡献内容的意愿。这种互动和社交性的积极反馈可以加强用户对社区的黏性，促使他们更频繁地参与和贡献内容，进一步加强社区的活跃度和用户互动。总的来说，用户间的社交互动和社会线索的积极使用可以相互促进，形成良性循环，有助于提高用户的持续贡献意愿和社区的发展。因此，虚拟社区运营者可以鼓励用户更多地利用社会线索功能，提供社交机会，并支持用户间的互动，以加强用户参与和内容贡献。这将有助于增加社区的活跃度和吸引更多的用户。

（2）虚拟社区的社会线索除通过直接效应促进用户的持续贡献意愿，还通过社会临场感和心流体验的一组链式中介作用影响用户的持续贡献意愿。用户使用社会线索的程度显著正向影响用户在虚拟社区中的社会临场感，包括意识临场感、情感临场感和认知临场感三个维度。但研究发现，意识临场感的中介作用并不显著，社会线索通过情感临场感和认知临场感的中介作用显著影响用户在社区中形成心流体验的深浅程度。这说明对于有过发表内容经验的社区用户，由社会线索建立的对其他人存在的意识，并不驱动用户进行持续的贡献行为，用户知道其他人的在场可能只是增加其浏览内容或者对其他人行为的观察，不会导致发表内容。而由社会线索建立的感知与其他人的情感连接程度，即情感临场感，会正向影响用户在社区中心流体验的深浅程度。也就是说，如果用户受到其他人情绪状态的影响，同时用户自身的情绪状态也对与之沟通的其他人产生影响，即社区中具有沟通关系的双方具有感同身受的情感连接状态，则用户越容易在社区中体验到心流体验的状态，在社区中体验到心流体验的人会对参与社区形成强烈的内在驱动力，吸引用户持续地在社区中发表内容，沉浸在社区的活动中。同理，有过发表内容经验的用户对所在虚拟社区的目的和管理规范加深了解，对其他人发的内容也能理解得更为顺畅，有利于增加用户在社区中的感知控制感，提升心流体验的程度，进而影响用户的持续贡献意愿。

（3）信任对用户的持续贡献意愿的影响是通过心流体验的完全中介作用产生的。这意味着信任并不直接影响用户的持续贡献意愿，而是通过用户在虚拟社区中的心流体验而发挥关键作用。这个研究结论为现有研究文献中关于信任与持续知识贡献行为关系的理解提供了重要补充，详细解释了信任对虚拟社区用户持续行为的影响机制。此外，通过第 3 章对信任在社会临场感与用户初始贡献意愿间的重要中介作用的讨论可以看出，信任在社会线索对用户的持续贡献意愿的影响机制中具有一定的影响地位。这进一步强调了用户的初始贡献意愿对于促进用户的持续贡献意愿的重要性。因此，虚拟社区管理者和运营者应该注重建立信任，同时通过提供良好的用户体验和初始激励措施，鼓励用户参与和贡献内容。这有助于增强用户的持续参与和贡献，从而提高虚拟社区的活跃度和用户忠诚度。

这项研究在虚拟社区用户贡献行为领域做出了重要的贡献。具体来说，研究构建了虚拟社区中社会线索对用户持续贡献意愿影响的理论模型，强调了虚拟社区设计中社会线索的重要性，以促进用户的持续贡献意愿。虽然学者们一直关注用户的持续贡献意愿，但大多数研究都是从社会心理学的角度解释这一问题，忽略了虚拟社区自身的技术设计与用户体验相结合的视角。因此，本章提供了一个新的理论研究框架，为后续研究者提供了一种不同的研究视角和思路。这一研究的结果不仅对学术界有所贡献，还对虚拟社区的运营商和管理人员具有实际指导意义。他们可以利用这项研究的发现而改进虚拟社区的设计和功能特征，以更好地促进用户的持续贡献意愿，提高社区的活跃度和用户忠诚度。这有助于虚拟社区更好地满足用户需求，提供更丰富的社交体验，从而取得更大的成功。

4.5.2　研究启示

本章的成果可以为虚拟社区的运营商和管理人员提供有价值的指导建议，

主要有以下几个方面:

（1）虚拟社区应该提供丰富的印象型社会线索和交互型社会线索的功能特征。用户的持续贡献意愿受到用户对社会线索积极使用程度的影响。为实现这一目标，虚拟社区应在技术平台的建设阶段就充分考虑，确保提供足够多的技术功能，以支持用户积极地利用这些社会线索。而在社区投入使用后，运营者还应采取一系列激励措施，鼓励用户更频繁地使用社会线索。这将有助于实现虚拟社区与用户体验的完美融合，从而持续地激发用户去维护他们的虚拟身份，并积极寻求互动机会，提升他们的持续贡献行为。这一调整强调了虚拟社区建设过程中技术功能的重要性，以及在社区运营中采取激励措施的必要性，以更好地激发用户的积极行为，包括维护虚拟身份和互动。

（2）用户对虚拟社区社会线索的使用还通过社会临场感（仅通过情感临场感和认知临场感）和心流体验的一组链式中介作用影响用户的持续贡献意愿。虚拟社区应该通过提高情感临场感和认知临场感的感知，增强用户体验到心流状态的程度，进而影响持续发表内容。为了提高这些中介因素的影响力，虚拟社区可从以下两个方面考虑：一方面，增强情感临场感，为了提高用户的情感临场感，可以对用户使用社会线索传递相似信息的用户进行推荐，增大用户与他人建立情感联系的程度，如通过个性化的用户推荐对用户感兴趣的话题和用户进行识别，加入一个"您可能感兴趣的人"的功能设计。另一方面，促进认知临场感，为了促进用户对社区目标、管理规范的充分了解，以及对其他人发表内容的理解程度，可以设计游戏化的元素，将这些希望用户清晰知道和理解的内容以有趣的方式，让用户在玩中不知不觉地完成学习。这可以提高用户对社区的参与感和参与度。

综上所述，这些实践建议将有助于虚拟社区运营者更好地满足用户需求，优化社区的功能特征，并提高用户的参与度、内容质量和满意度，也将有助于建立更加繁荣和可持续的虚拟社区生态系统。

4.6　本章小结

　　本章在初始贡献研究基础上，更进一步探索了虚拟社区中社会线索对用户持续贡献行为的影响机制。基于社会临场感理论和心流理论，本章提出了虚拟社区中的印象型和交互型社会线索，通过社会临场感和心流体验的链式中介效应，对用户持续贡献意愿影响的理论模型提出了相关研究假设。在实证分析阶段，通过问卷调查方式收集数据，并利用结构方程模型对研究模型进行检验，获得了相应的研究结果，研究所提出的 10 个研究假设中，有 3 个被拒绝，7 个通过检验。

　　本章的主要结论：①虚拟社区用户使用印象型和交互型社会线索的程度对其持续贡献具有显著正向影响，说明虚拟社区应该进一步丰富社会线索相关功能并积极鼓励用户的使用。②虚拟社区的社会线索除通过直接效应促进用户的持续贡献意愿，还通过社会临场感和心流体验的一组链式中介作用影响用户的持续贡献意愿；但意识临场感的中介作用并不显著，社会线索仅通过情感临场感和认知临场感显著影响用户的心流体验。这说明对于有过发表内容经验的社区用户，由社会线索建立的对其他人存在的意识，并不驱动用户进行持续的贡献行为，虚拟社区运营者应该更加重视成员情感和认知临场感的塑造。③信任并不直接影响用户持续贡献意愿，而是通过心理体验的完全中介作用影响虚拟社区用户的持续贡献意愿，这加深了我们对虚拟社区信任影响机制的深入理解。最后，本章对研究结果进行了讨论，并对研究启示进行了深入分析。

第5章 基于身份标识的印象型社会线索对用户贡献行为的影响研究

5.1 研究问题描述

不同于企业组织，虚拟社区中用户参与的任何活动完全是自愿行为，通常不会有物质报酬的激励。一方面，导致虚拟社区用户贡献行为面临着较大的不确定性，用户可能随时放弃参与一个社区，也可能随时加入新的虚拟社区，这种不确定性使得社区管理者难以预测和控制用户行为。另一方面，用户在虚拟社区中投入时间和精力所贡献的内容，其他用户可以免费受益且不需要付出额外的成本。也就是说，用户贡献内容属于公共物品（Public Goods），不论社区成员是否分享内容给其他人，都可以免费获得社区内容，这可能导致一些用户不愿意贡献，因为他们认为其他人会"搭便车"[224,225]。虚拟社区的运营管理者可以考虑设计不同的激励机制，例如声誉奖励、特殊权限或荣誉称号，以鼓励用户积极贡献内容。另外，社区规则和道德准则的强化可以减少"搭便车"行为。虚拟社区的长期成功依赖于社区建设和价值共享。如果用户感到他们的贡献被充分认可和分享，则他们更有可能继续参与社区。

印象型社会线索指虚拟社区提供的有利于自我展示的技术功能特征，常见的如网络昵称、签名、头像、个人主页、照片分享和声誉标签等。本书主要关注印象型社会线索的一种形式——身份标识（或成为身份标签），探索虚拟社区为用户添加的领袖身份标识对其贡献行为的影响。作为虚拟社区提供的一种印象型社会线索，虚拟社区会通过身份标识功能为社区成员设置不同的身份，以区分用户在虚拟社区中的不同地位。虚拟社区提供的身份标识线索通常出现在用户的个人页面，或者直接出现在用户昵称的旁边。虚拟社区中的用户可以根据身份标识直观地判断标签拥有者的知识水平或专业技能。因此，身份标识的功能凸显了用户在虚拟社区中的社会地位，有助于提升用户在社区中的社会临场感，本书将其称为"社会临场感的激励机制"。

现有研究表明，身份标识功能作为用户在线声誉的反映，可以激励用户提高贡献水平，但同时也发现，对于用户身份等级的划分增加了用户发帖、评论时的心理压力，降低了社区贡献的活跃性[226]。鉴于现有研究相互矛盾的结论，本章将从两个方面考察用户的贡献行为：用户贡献的数量与质量，关注这种基于身份标识的印象型社会线索如何影响虚拟社区用户贡献的行为。

5.2 理论分析与假设的提出

5.2.1 基于身份标识的印象型社会线索对 UGC 数量的影响

尽管虚拟社区用户的内在动机（例如，自身的兴趣）有时候会驱动其贡献内容，大部分个体是基于外在的动机参与社区贡献行为。创建内容、回答他人的问题等往往需要花费创建者的时间和精力，尤其是在面对困难任务时。因此，考察外部因素对用户贡献行为的影响是非常必要且有价值的。

身份标识是一种基于用户在社区实际表现所给予的一种奖励形式，用户在满足社区规定的条件后会获得一定的身份标识。虚拟社区环境下，身份标识指用户在社区中的身份、角色或地位，通常通过用户资料、勋章、称号等方式表示。身份标识是虚拟社区印象型社会线索的一种形式，虚拟社区给予用户特殊身份标签，例如"社区专家""优秀贡献者"等，这些标签通常伴随着一定的声誉和权威，用户会感到荣耀，有利于用户向其他人传递自己在社区中的独特地位，吸引社区中其他用户的注意力，这提高了领袖用户在社区中的存在感（Sense of Presence）[227]，进而增加了领袖用户在社区中的社会临场感。社会临场感的提高进一步影响了领袖用户对虚拟社区中其他人存在的意识，当该用户感觉到其他人的存在或知道其他人可以识别他们时，会激发用户的自我表现本能[228]。这种自我表现本能是人类甚至许多高级动物均具有的，是由观众在场时所激发出来的。根据社会助长理论（Social Facilitation Theory），基于身份标识的社会线索所引起的观众效应唤醒了标签用户对自己绩效水平的关注，并激励个体积极发表内容[152]，因此提升了拥有身份标识的领袖用户的贡献数量。此外，由于身份标识所引起的观众注意力的增加，还会提高观众对拥有身份标识的领袖用户所发表内容的评论和反馈（如点赞、推荐），进一步增强了领袖用户与观众（社区其他用户）间的互动性，有利于用户贡献内容数量的增加。

个体的社会临场感与其亲社会行为（Prosocial Behavior）积极相关[229,230]。首先，社会临场感可以加强个体与社会群体的认同感[127]。当人们感到他们与他人共享某种情感体验时，更倾向于与他人建立联系，愿意合作和支持社会群体的共同目标。这可以促进亲社会行为，如志愿工作、社区服务和支持他人的行为。其次，社会临场感常常伴随着情感共鸣。当个体在虚拟社区情境中感受到情感共鸣时，更容易理解和分享他人的情感体验。这可以促使他们采取亲社会行为，以帮助或支持那些需要情感支持的人。例如，帮助虚拟社区中的用户解答问题或者主动分享知识经验。此外，社会临场感可以激发个体对社交责任感的增强。当人们感到他们在社交情境中扮演重要的角色并且对社交群体的幸福有积极影响时，更有可能采取亲社会行为，以积极影响他们在社区中的信息贡献行为。基于以上分析，本章提出以下假设：

H1：基于身份标识的印象型社会线索正向影响用户贡献的数量。

5.2.2　基于身份标识的印象型社会线索对 UGC 情感属性的影响

虚拟社区中用户身份标签可以影响他们所发表内容的情感倾向，尽管这种影响可能因社区和身份标签设计的不同而异。拥有特定身份标签的用户通常被认为具有更高的权威性和可信度[229,231]。因此，他们的发表内容可能更倾向于客观、专业和可信，而不太可能包含极端情感或不准确信息。用户身份标签还可以增强其对社区的认同感。这可能导致用户更倾向于发表与社区价值观和文化一致的内容，以维护其社区声誉。一些身份标签可能是根据用户的贡献和专业知识而颁发的。这种激励可以鼓励用户提供更有价值的内容，而不仅仅是情感倾向。拥有特殊身份标签的用户可能在社交网络中拥有更多的关注者和粉丝。这可以影响他们的发言方式，因为知道他们的言论会更广泛地传播。他们可能更加谨慎，避免激进或冒犯性的言论。如果身份标签表示用户在特定领域具有专业知识，他们的内容可能更专业化和中性，因为他们的目标是提供准确和有用的信息，而不是情感表达。基于以上分析，本章提出以下假设：

H2：基于身份标识的印象型社会线索负向影响用户贡献内容的情感属性。

5.2.3　基于身份标识的印象型社会线索对 UGC 文本长度的影响

本章认为，社会助长效应不仅能引起个体行为在数量上的增加，也能提高其行为的质量。社会助长理论提出，他人在场可以激发个体的生理唤醒状态，提供个体的内在动机水平，使其优势反应能轻易地表现出来[232]。身份标识是用来奖励用户在某一方面良好表现而设置的印象型社会线索，因此，持有身份标识的用户可以吸引其他用户的关注和注意，由此产生的观众在场激发了用户的内在动机，做出有利于社区或社区中其他人的行为，例如帮助其他人解决问题或者主动分享知识。研究发现，基于身份标识的社会线索有利于建立用户在虚拟社区中的责任感（Accountability）[10]，拥有身份标识的用户会认为自己有责任完成与身份标识相一致的行为，例如，获得意见领袖身份标识的用户有理由认为自己拥有更多丰富经验和专业知识，为了维护自己在虚拟社区中的这一身份，有义务花时间和精力发表质量更高的内容，以实现行为与自我身份的一致性。基于以上分析，本章提出以下假设：

H3：基于身份标识的印象型社会线索正向影响用户贡献的质量。

5.3　研究设计

5.3.1　研究数据与样本

本章从某虚拟化妆品交流社区收集数据，该网站允许消费者注册成为网站用户，用户可以在社区中对化妆品发表评论，并且给予评价分数，同时可以在个人主页中维护自己的性别、年龄、皮肤类型，以及记录已经购买过的商品等，如图 5-1 所示。

值得说明的是，该社区不允许品牌或者企业参加，以保证消费者间的经验交流纯粹基于兴趣爱好的分享，避免商业宣传。2017 年 12 月，该化妆品点评网站开始上线一项激励机制，即向在社区中贡献超过一定数量评论的用户给予一个身份标识（并称之为"真心小绿人"），能够让其他用户很容易地识别出哪些用户是意见领袖。虚拟社区用户获得真心小绿人身份标识的标准为：由平台系统定期筛选邀约投稿心得 100 篇以上且近一年仍在使用该社区的活跃用户，通过收集实名认证并认同社区营运方针理念后，即可获得真心小绿人 ICON。

图 5-1　某化妆品交流社区中用户个人页面的样例

本章把这种激励机制称为社会临场感激励机制，因为该机制增强了用户的社会临场感。本书就是利用这项政策来研究基于身份标识的社会线索能否影响网站中用户贡献的数量、情感属性和质量。

　　本章在选取的某在线化妆品社区中，使用网络爬虫收集了该社区从 2017 年 6 月到 2018 年 5 月已经得到身份标识的领袖用户的网站数据。最终采集到包括 832 名具有身份标识的领袖用户的数据，包括用户名、肌肤类型、年龄、性别、购买过的化妆品、全部心得数量以及评论分数等信息。本书将 832 个具有身份标识的用户作为研究样本，关注其在获得身份标识对领袖用户自身贡献内容表现的影响。

5.3.2　变量的操作化与描述性统计

　　本章的分析建立在领袖用户层级上，即检验虚拟化妆品交流社区的社会临场感激励机制对得到身份标识的用户贡献行为的影响。

（1）因变量。本章从两个方面检验用户贡献内容：用户产生评论内容的数量以及质量。用户评论内容的数量，被定义为 UGC_Volume_{it}，表示用户 i 在期间 t 产生的评论内容总数量。对于用户评论内容的质量，本章通过用户产生的评论的情感属性来衡量，该变量被定义为 UGC_Rating_{it}，表示用户 i 在期间 t 产生的评论内容中的平均评价分数；用户产生的评论的文本长度来衡量，该变量被定义为 UGC_Text_{it}，表示用户 i 在期间 t 产生的评论内容的平均文本长度。

（2）自变量。本章创建一个二分类变量 $AfterPresence_t$，表示期间 t 是在该虚拟化妆品交流社区上线社会临场感激励机制之前还是之后，该变量取 1 表示期间 t 是在激励机制上线之后，取 0 表示期间 t 是激励政策上线之前。

（3）控制变量。根据文献［122］，本章使用 $UseAge_{it}$ 作为控制变量，表示用户 i 自加入并且使用该虚拟社区到期间 t 的月份数，以及 $UseAge_{it}$ 的平方，以控制可能的非线性影响[122]；$BuyNumber_{it}$ 表示用户 i 在期间 t 购买过的商品数量。

根据以上对所有涉及变量的操作化定义，基于采集的 832 名虚拟社区用户的二手数据资料，我们对研究数据进行描述性统计，样本的均值和标准差如表 5-1 所示。具体为：UGC 数量的样本均值为 1.640，标准差为 3.900；UGC 平均文本长度的样本均值为 162.142，标准差为 252.982；控制变量用户购买商品的数量的样本均值为 0.884，标准差为 4.349。

表 5-1　变量定义和描述

变量	定义	样本量	均值	标准差
UGC_Volume_{it}	用户 i 在期间 t 产生的评论内容总数量	832	1.640	3.900
UGC_Text_{it}	用户 i 在期间 t 产生的评论内容的平均文本长度	832	162.142	252.982
UGC_Rating_{it}	用户 i 在期间 t 产生的评论内容的平均评价分数	832	2.387	2.787
$UseAge_{it}$	用户 i 自加入并且使用该网站到期间 t 的月份数	832	102.968	39.808
$BuyNumber_{it}$	用户 i 在期间 t 购买过的商品的数量	832	0.884	4.349

5.4 数据分析与结果

本章设定如下基于身份标识的社会性线索对虚拟社区用户贡献行为的影响的实证分析模型：

用户贡献内容数量的模型：

$$UGC\_Volume_{it} = \alpha_i + \beta_1 AfterPresence_t + \beta_2 UseAge_{it} + \beta_3 UseAge_{it}^2 +$$
$$\beta_4 BuyNumber_{it} + \varepsilon_{it} \qquad (5-1)$$

用户贡献内容情感属性的模型：

$$UGC\_Rating_{it} = \alpha_i + \beta_1 AfterPresence_t + \beta_2 UseAge_{it} + \beta_3 UseAge_{it}^2 +$$
$$\beta_4 BuyNumber_{it} + \varepsilon_{it} \qquad (5-2)$$

用户贡献文本长度的模型：

$$UGC\_Text_{it} = \alpha_i + \beta_1 AfterPresence_t + \beta_2 UseAge_{it} + \beta_3 UseAge_{it}^2 +$$
$$\beta_4 BuyNumber_{it} + \varepsilon_{it} \qquad (5-3)$$

在模型中，i 代表用户，t 代表时间期间；α_i 是用户的固定效应，以控制不同用户之间不可观测到的异质性；$AfterPresence_t$ 是一个虚拟变量，取 0 表示期间 t 是在虚拟社区上线社会临场感激励机制之前（$AfterPresence_t = 0$），取 1 表示期间 t 是在虚拟社区上线社会临场感激励机制之后（$AfterPresence_t = 1$）；$UseAge_{it}$ 表示用户 i 自加入并且使用该网站到期间 t 的月份数，并且加入该变量的平方（$UseAge_{it}^2$）来控制可能的非线性影响[122]；$BuyNumber_{it}$ 表示用户 i 在期间 t 购买过的商品数量；UGC_Volume_{it} 表示用户 i 在期间 t 产生的评论内容总数量；UGC_Rating_{it} 表示用户 i 在期间 t 产生的评论内容的平均评价分数。UGC_Text_{it} 表示用户 i 在期间 t 产生的评论内容的平均文本长度。在该模型中，β_1 是本章所要研究的社会临场感激励机制影响作用的系数。

本章采用 Stata 软件对数据进行分析。Stata 是一款广泛应用于数据分析和统计建模的专业软件工具。它拥有强大的数据管理、统计分析和数据可视化功能，被广泛应用于学术研究、政策分析、社会科学、生物医学研究和商业领域[233,234]。它在以下方面具有显著优势：第一，Stata 提供了灵活而强大的数据管理功能，使用户能够导入、清理、转换和合并数据集。用户可以轻松处理大型数据集，执行数据重塑、排序、筛选等操作。第二，它支持广泛的统计方法和分析，包括描述性统计、回归分析、时间序列分析、生存分析、因子分析、聚类分析等。它还提供了多种统计图表选项用于数据可视化。第三，用户可以使用 Stata 的编程语言执行复杂的数据分析任务，它的编程语言允许用户编写脚本、宏和程序，以自动化分析工作流程并生成可重复的结果。第四，它在处理面板数据和纵向数据方面表现出色，这对经济学、社会科学和公共政策研究至关重要，它提供了强大的面板数据分析工具，包括固定效应模型和随机效应模型。此外，它支持多种数据可视化方法，包括散点图、折线图、柱状图、箱线图、热力图等。用户可以创建专业的图表来展示数据模式和趋势。

表 5-2 详细列示了数据分析的结果。第一，本章分析社会临场感激励机制对用户贡献的数量的影响。从表 5-2 中可以看到，代表影响效应（*AfterPresence*）的系数是正向显著的，说明社会临场感激励机制能够促进和激励用户产生更多的内容，这样本章研究假设 H1 得到了验证，即基于身份标识的印象型社会线索正向影响用户贡献的数量。第二，本章对用户贡献内容的质量（即用户的平均评价分数）进行分析，发现社会临场感激励机制对用户对商品的评价分数没有影响，这样本章的研究假设 H2 没有得到验证。第三，本章对用户贡献的质量（即用户评论文本的平均长度）进行分析，结果表明社会临场感激励机制对用户对商品的评价文本的平均长度没有影响，这样本章的研究假设 H3 没有得到验证。

表 5-2　基于身份标识的印象型社会线索对 UGC 数量与质量的影响

Variables	UGC_Volume	UGC_Rating	UGC_Text
Models	（1）	（2）	（3）
AfterPresence	0.064**	−0.008	−0.053
	(0.021)	(0.029)	(0.088)
UseAge	−0.024***	−0.015*	−0.039
	(0.007)	(0.007)	(0.022)
$UseAge^2$	−0.000	−0.000	−0.000
	(0.000)	(0.000)	(0.000)
BuyNumber	0.355***	0.297***	0.900***
	(0.023)	(0.021)	(0.063)
Constant	3.058***	2.960***	7.915***
	(0.429)	(0.496)	(1.518)
Users fixed effects	Y	Y	Y
Number of users	832	832	832
Number of periods	12	12	12
R^2	0.532	0.366	0.384

注：*表示 $p<0.05$，**表示 $p<0.01$，***表示 $p<0.001$；括号中的数字是 robust and cluster error。

5.5　稳健性检验

5.5.1　考虑季节因素的稳健性检验

分析结果可能由季节或者时间趋势的影响而导致[122]，也就是说，用户贡献内容在任何一年的 12 月后都会比 12 月前产生的内容多。本章使用 2016 年相同的时间段（即 2016 年 6 月到 2017 年 5 月）对用户的贡献内容的数量进行分析，结果如表 5-3 所示，可以看出，分析结果没有发现用户贡献的数量有显著的上升。

表 5-3　考虑季节因素影响的稳健性检验

Variables	UGC_Volume	UGC_Rating	UGC_Text
Models	（1）	（2）	（3）
AfterPresence	0.028 （0.022）	0.013 （0.030）	0.013 （0.089）
UseAge	0.005 （0.007）	0.012 （0.007）	0.050* （0.020）
$UseAge^2$	−0.000 （0.000）	−0.000 （0.000）	−0.000* （0.000）
BuyNumber	0.428*** （0.023）	0.340*** （0.019）	1.008*** （0.060）
Constant	0.265 （0.380）	0.126 （0.436）	−0.251 （1.290）
Users fixed effects	Y	Y	Y
Number of users	828	828	828
Number of periods	12	12	12
R^2	0.500	0.360	0.389

注：*表示 $p<0.05$，**表示 $p<0.01$，***表示 $p<0.001$；括号中的数字是 robust and cluster error。

5.5.2　考虑时间周期的稳健性检验

在以上的分析中，本章使用了事件前后共 12 个月的周期进行分析，接下来本章使用 11 个月周期的数据，对社会临场感激励机制的影响进行分析，分析结果如表 5-4 所示。通过研究结果本书发现，社会临场感激励机制能够促进和激励用户产生更多的内容。因此，本书使用 11 个月的数据进行分析的结果与之前分析得到的结果一致。

表 5-4　调整身份标识功能上线前后周期的稳健性检验

Variables	UGC_Volume	UGC_Rating	UGC_Text
Models	（1）	（2）	（3）
AfterPresence	0.052* （0.022）	−0.033 （0.030）	−0.163 （0.092）

Variables	UGC_Volume	UGC_Rating	UGC_Text
UseAge	−0.019 * (0.008)	−0.008 (0.009)	−0.007 (0.025)
UseAge²	−0.000 (0.000)	−0.000 (0.000)	−0.000 (0.000)
BuyNumber	0.356 *** (0.024)	0.303 *** (0.022)	0.913 *** (0.066)
Constant	2.668 *** (0.503)	2.246 *** (0.577)	4.782 ** (1.746)
Users fixed effects	Y	Y	Y
Number of users	832	834	832
Number of periods	11	11	11
R^2	0.548	0.374	0.391

注：* 表示 p<0.05，** 表示 p<0.01，*** 表示 p<0.001；括号中的数字是 robust and cluster error。

5.5.3 对不同参与水平的进一步分析

本书将额外分析不同参与水平下的影响。由于社会临场感的激励机制对用户评论长度没有影响，因此，本书只分析用户参与水平下，用户贡献数量的影响。本章设定如下关于用户参与水平的影响分析的双重差分模型：

用户贡献内容数量的模型：

$$UGC\_Volume_{it} = \alpha_i + \beta_1 AfterPresence_t + \beta_2 Participation_i \times AfterPresence_t +$$

$$\beta_3 UseAge_{it} + \beta_4 UseAge_{it}^2 + \beta_5 BuyNumber_{it} + \varepsilon_{it} \qquad (5-4)$$

在模型中，i 代表用户，t 代表时间期间；α_i 是用户的固定效应，以控制不同用户间不可观测到的异质性；$AfterPresence_t$ 是一个虚拟变量，表示期间 t 是在网站上线社会临场感激励机制之前（$AfterPresence_t = 0$）还是之后（$AfterPresence_t = 1$）；$Participation_i$ 是用户 i 在激励机制上线之前已经产生的评论数量，表示用户 i 在该网站的参与程度；$UseAge_{it}$ 表示用户 i 自加入并且使用该网站到

期间 t 的月份数，并且加入该变量的平方（$UseAge_{it}^2$）控制可能的非线性影响[122]；$BuyNumber_{it}$ 表示用户 i 在期间 t 购买过的商品数量；UGC_Volume_{it} 表示用户 i 在期间 t 产生的评论内容总数量。

本章的分析结果如表5-5所示。首先，分析不同用户参与水平下社会临场感激励机制对用户贡献的数量的影响，可以看到，代表干预效应（$Participation×AfterPresence$）的系数是负向显著，说明用户的参与水平越高，社会临场感激励机制对用户贡献的数量的促进作用越弱。

表5-5　基于身份标识的社会线索在不同用户参与水平下对 UGC 数量的影响

Variables Models	UGC_Volume
AfterPresence	0.414 * (0.161)
Participation×AfterPresence	−0.068 * (0.032)
UseAge	−0.028 *** (0.007)
UseAge²	0.000 (0.000)
BuyNumber	0.354 *** (0.023)
Constant	3.227 *** (0.426)
Users fixed effects	Y
Number of users	832
Number of periods	12
R²	0.533

注：＊表示 p<0.05，＊＊表示 p<0.01，＊＊＊表示 p<0.001；括号中的数字是 robust and cluster error。

进一步地，本书发现，当用户已参与的水平（即已发帖量）取值范围在（0~444）时，社会临场感激励机制对用户产生的内容数量的影响是正向的，且随着参与水平的升高在逐渐降低，在（444~1294）时社会临场感激励机制对用户产生的内容数量的影响是负向的，且随着参与水平的增加这种负向调节作用逐渐增强。如图 5-2 所示。

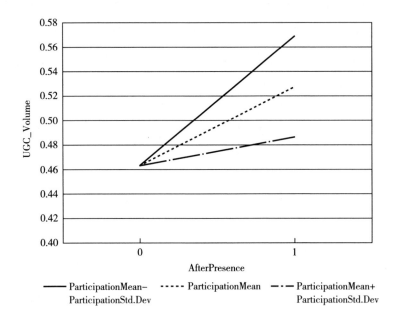

图 5-2　在用户不同参与水平下身份标识的线索对 UGC 数量的影响

5.6　讨论和研究启示

5.6.1　讨论

本章利用某虚拟化妆品点评社区中的客观数据，通过面板数据分析，获得了基于身份标识的社会线索与用户贡献内容数量之间的因果关系，主要取得了以下几个方面的结论：

首先，基于身份标识的印象型社会线索带来了用户贡献数量的增加。这与现有研究的结论保持一致，已有研究将身份标识视为虚拟社区中的一种非物质奖励形式，其他非货币奖励方式还包括积分和准入特权等。Wei 等[235] 探索了徽章系统的不同等级水平对用户知识贡献行为的激励作用，研究结果显示，这一社区奖励均显著积极影响用户的知识分享数量和质量。

其次，基于身份标识的印象型社会线索对用户评论的质量没有影响。说明虚拟社区中设置身份标识的功能并不能刺激用户产生高质量的内容。这与现有研究中，通过问卷数据所做的相关性研究中所得出的结论不一致。本书通过虚拟社区身份标识功能的上线时间，设计了上线前与上线后用户贡献行为的变化，并通过对季节因素和改变周期选取的稳健性检验保证了研究结果的稳定性，使得自变量与因变量因果关系的研究结果更具可靠性。

此外，本章还补充了一个额外的分析发现：用户的不同参与水平对身份标识的社会线索与用户贡献内容数量间的影响起到负向调节作用。值得关注的是，在达到某一临界值（444 篇已发表帖子）后，身份标识对用户贡献内容数量产生了负向影响。这一发现表明，社会临场感激励机制在参与度低于 444 的用户中非常有效，但随着参与度的增加，其有效性逐渐减弱。这可能是因为高参与度的用户已经在其他用户之前表现出较高的社会临场感，因此他们对这种机制的内在激励影响较小。此外，对于已发表超过 444 篇帖子的用户来说，社会临场感激励机制的转变为负向影响可能源于某些虚拟化妆品点评社区中身份标识的门槛较低，导致大量发帖量处于中等水平的用户获得身份标识，从而可能损害了高度参与的用户的积极性。

本章在虚拟社区和用户贡献内容领域的文献方面做出了重要的贡献。首先，揭示了身份标识与用户贡献内容数量间的因果关系，这为现有研究主要基于问卷调查数据获得的相关关系提供了重要补充。这有助于学者们更深入地理解身份标识这一激励政策的影响结果。其次，本章从社会助长理论的角度探讨了用户标签对用户贡献行为的影响，为该领域的研究引入了新的视角。未来的学者可在此基础上进一步研究通过他人在场的观众效应所引起的激励效果。

然而，需要注意的是，由于面板数据获取的限制，本章无法获得具有时间戳的评论点赞数或者转发数的数据。这限制了本章多维度衡量用户贡献质量的能力，因此本章仅使用在线评论的文本长度作为贡献质量的代理变量。这是本章的一个局限，未来的研究可尝试更多方法综合考虑用户贡献的质量。

5.6.2　研究启示

本章的结论为虚拟社区的开发者和运营者提供了有力的实践指导，以预测社区功能的变化对用户贡献内容可能带来的影响。

首先，通过研究发现，基于身份标识的印象型社会线索对用户贡献的数量有正向影响，但对用户贡献内容的长度没有显著影响。用户贡献的数量反映了社区的活跃度，而用户贡献内容的长度反映了内容的质量。因此，虚拟社区运营者在选择社区激励政策时需要明确目标。如果目标是促进用户积极发表内容，可以考虑引入类似用户标签的功能特征。然而，如果要提高高质量内容的产出，那么基于用户标签的功能设计可能无法达到期望的目标。

其次，研究还发现，用户已有的参与水平在基于身份标识的印象型社会线索和用户贡献数量的影响中起到负向调节作用。这意味着虚拟社区运营者需要仔细考虑设置用户标签的标准。如果标签标准设置得太低，可能会损害高水平参与用户的积极性。这意味着已经在社区中非常活跃的用户对社区提供的标签可能不感兴趣，因为他们已经在社区中表现出很高的参与度。然而，如果标签标准设置得太高，很多用户可能会觉得达到这一条件太困难，也不会受到激励，因此不能有效地促进用户在社区中贡献内容的活跃度。

基于这些研究结论，虚拟社区可以考虑建立多层次的用户身份标签体系，根据用户的参与水平将社区成员进行合理分类，并设置多个不同等级的用户标签。这可以有针对性地激励不同参与水平的用户群体，同时维护和提高社区的整体活跃度及质量。

总之，本章的结论不仅提供了有关社会线索与用户贡献的深刻理解，还为虚拟社区的运营和发展提供了有益的实践建议，有助于优化社区管理策略，提高用户参与度和内容质量。

5.7   本章小结

本章探索了基于身份标识的印象型社会线索对用户贡献的数量与质量的影响，借鉴社会临场感与社会助长理论中的观众效应对研究中的相关假设进行逻辑推理，构建了理论模型；然后以某虚拟化妆品交流社区为研究对象，选取该社区上线用户标签这一事件，分析功能上线前后用户贡献数量与质量的变化，通过基于面板数据的固定效应模型进行实证检验，并通过考虑季节因素和周期选取因素进行稳健性检验，获得了可靠的研究结果。

本章的主要结论：基于身份标识的印象型社会线索带来了用户贡献数量的增加，基于身份标识的印象型社会线索对用户评论的质量没有影响，说明虚拟社区中设置身份标识的功能并不能刺激用户产生高质量的内容。最后，对研究结果进行了讨论，并提出了相应的研究启示。

第6章　基于信息披露的交互型社会线索对用户贡献行为的影响研究

6.1　研究问题描述

虚拟社区通常采用匿名化的沟通环境，即社区用户的真实身份信息未知的一种状态[157,158]。关于匿名性的作用，文献中一直有两种争论存在。一方面，匿名性是保护隐私的一种途径；另一方面，匿名性弱化了网民的责任意识和法律意识，无形中充当了网络暴力的保护伞。Scott 和 Orlikowski[159] 指出，在线评论中匿名性使用户感觉更舒适和安全，从而导致更频繁的贡献，同时，匿名性也引起了用户无限制地宣泄消极情绪、发表恶意评论等。已有关于匿名性的研究表明，匿名性的存在与否会引起互联网用户对自己信息贡献行为的调整。例如，随着匿名性的减弱，用户更可能公开表达社会期望的信息[236]。处在信息披露的情况下，用户的自我意识被激活，导致分享的信息更加保守[237,238]。互联网的去抑制效应（Disinhibition Effect）也是由于匿名性与身份披露的弹性导致用户加强信息共享行为[239]。去抑制效应表现在两个方面：一是人们通过它实现某些不愉快的行为和感情，如在网上辱骂和攻击他人；二是它使得人们在网上变得更诚实和更勇敢。在前人研究的基础上，本章探讨由于社区加入信息披露的社会线索，导致的社会临场感的增加，可能影响用户在虚拟社区平台中的内容贡献。

本章以虚拟医疗社区为例，主要关注基于信息披露的社会线索是，在在线医疗社区平台中加入医生个人主页的功能，而以前社区中只有患者用户，当加入这个功能之后，该医疗社区鼓励医生在社区中创建个人主页，创建个人主页后的医生可以维护值班时间表、疾病有关的医疗知识，或定期更新主页其他内容；而患者对于该医生的相关评价也出现在医生的个人主页中。因此，患者有理由认为创建个人主页的医生可以根据患者贡献的 UGC 追溯到其真实信息和治疗记录，这增加了患者的感知信息披露程度。虽然患者间的交流依然是匿名性，但对于患者与其评价的医生间的交流呈现出较大程度的感知信息披露性。这种信息披露性的社会线索，提高了患者在社区中的社会临场感，进而可能影响到其发表评论的内容。因此，基于信息披露的交互型社会线索，可能引发用户调整其发表内容的表达，例如用户贡献内容中情感和情绪的展现更强烈[240,241]，用户减少其认知过程[242,243]，还会降低用户使用否定表达的倾向，从而减少用户贡献内容的消极性[244,245]。

基于以上分析，本章以虚拟医疗社区为研究对象，探索当社区中加入一项信息披露的交互型社会线索如何影响患者贡献在线评论的数量和文本特征，包括文本的积极性/消极性、主观性/客观性。

6.2 理论分析与假设提出

6.2.1 基于信息披露的交互型社会线索对用户贡献内容数量的影响

虚拟医疗社区中，患者贡献内容的数量反映了医生的受欢迎程度，因为贡献内容的数量与有多少患者选择该医生有关。基于信息披露的社会线索提高了患者在社区中的社会临场感，这可能会影响他们贡献内容的表现。影响路径主要为：

首先，基于信息披露的社会线索增强了患者在医生面前作为个体的存在感，增加了他们与正在评价的医生连接的感觉[246]。患者知道医生可以追溯内容并获取他们的个人信息（如真实姓名、手机，甚至治疗记录）。因此，患者更有可能积极参与在线医疗社区以引起医生的注意，并希望加强与医生的联系，这可能有利于他们接下来的治疗过程。患者也可能认为，在线和离线互动会为他们的医生提供更多了解他们的机会，这种信念也可能鼓励他们产生更多内容。

其次，基于信息披露的交互型社会线索促使患者表现得更亲社会性（Prosocial），以便在临场的其他人（医生）面前赢得良好的印象[247]。使用在线医疗社区平台，患者可以接受或提供社会支持，包括以分享建议或推荐、提供信息支持，以及分享快乐或悲伤形式的情感支持[248]。当患者意识到医生的临场时，患者更愿意通过提供信息和情感支持来帮助同伴患者，从而贡献更多数量的内容。此外，患者更有可能通过撰写内容，为医生提供反馈，旨在鼓励或帮助改善医生的服务，从长远来看，这将有利于患者和医生之间的关系[249]。即使对治疗服务不太满意的一些患者，寻找其他的医生需要额外的时间和精力，其中一些人可能不想承担，特别是对于所在区域医生选择有限的患者，可以使用这个新渠道与他们的医生沟通，而不是保持沉默。因此，大多数患者在面临信息披露的社会线索出现时往往会增加其内容贡献行为。因此，本章提出以下假设：

H1：基于信息披露的交互型社会线索正向影响用户贡献的数量。

6.2.2 基于信息披露的交互型社会线索对用户贡献内容质量的影响

更进一步地，本章还探索了用户贡献内容的情感倾向，即积极性和消极性，这两个指标在营销和心理学文献中被广泛提及[250,251]。本章将用户贡献内容性定义为一种情感状态，个体在文字中表达快乐、兴趣、满足、希望、爱等感受；而消极性指个体通过贡献的内容表达焦虑、悲伤、愤怒、绝望和厌恶等情感状态[252]。基于信息披露的社会性线索提高了患者与医生的共在感（Copresence），患者社会临场感的提高，激励其与医生建立连接关系，导致患者一方面可能更倾向于在其贡献的内容中表达积极的情绪，以表达他们对医生的赞美和感激，旨在给医生留下好印象；另一方面可能更喜欢在内容中表达消极性情绪，以引起医生的同情。因此，基于信息披露的社会线索增加了内容的积极性，同时可能增强内容的消极性。

与增加社会临场感相反，基于信息披露的社会线索还会影响患者表达真实的、毫无保留的意见，尤其是对医生提供的医疗服务非常不满意时[253]，患者倾向于降低用户贡献内容的消极性，以避免医生可能采取的报复行为，例如无理拖延患者的下一次预约或表现出不友好的态度等。文献［253］认为，即使在匿名情境中，不满意的患者也倾向于对低质量医生不发表在线评价。此外，已有研究证实，在线匿名环境容易引发网络欺凌，医生及医疗服务提供者普遍担心，匿名网络环境下的社交媒体平台将成为心怀不满的患者发泄情绪而不负责任的论坛[254]。因此，虚拟社区中加入基于信息披露的交互型社会线索，会降低患者贡献内容的消极性。考虑到获取医生同情的患者贡献内容消极性的增加将被贡献内容的积极性的更大进步所抵消，以提高患者自身在医生眼中的良好印象。因此，本章提出以下假设：

H2a：基于信息披露的交互型社会线索促进了用户贡献内容的积极性情感。

H2b：基于信息披露的交互型社会线索抑制了用户贡献内容的消极性情感。

除用户贡献内容的情感属性，用户贡献内容的文本特征是主观性和客观性。营销领域的研究表明，客观的评价内容比主观性的评价内容更有用，因为前者包含更具体和更清晰的观点[86]。同样在虚拟医疗社区中，用户贡献客观性越高的内容中涉及更多患者在接受医疗服务过程中的具体事实描述，因此信息的质量越高。相反，用户贡献内容的主观性越高，其内容中涉及更多的情感表达而不是理性论证，因此用户贡献内容的质量较低，本章认为，基于信息披露的交互型社会线索会影响患者贡献内容的质量。

当虚拟医疗社区邀请医生创建可以管理自己患者的个人主页（类似于一个聊天室）时，患者感知到医生可以根据自己的评论信息查询到自己的真实姓名和在医生那里的就诊记录，患者感知到在医生面前的信息披露程度提高，这种信息披露的交互型社会线索提升了患者在社区中的存在感，具体来说是这个医生面前的社会临场感。社会环境中的临场感会影响人们表达情绪的程度。其他人的存在或仅想象中的存在都会影响情绪表达的数量[255]。例如，Huang 等[227] 研究发现，在线评论网站中用户的评论内容被好友看到并识别身份的情境中，用户会激发使用情感过程（Affective Processes）而不是认知过程（Cognitive Processes）发表评价内容；个人的情感过程反映了该主体与被评价对象相关的情绪感受，认知过程反映了该主体对评价对象的理性分析思考。基于此推理，基于信息披露的交互型社会线索通过激发患者的情感过程，增加其在贡献内容中表达更多的积极或消极的情绪表达，从而增加了用户贡献内容的主观性，并相对地降低了用户贡献内容的客观性。因此，本章提出以下假设：

H3a：基于信息披露的交互型社会线索促进了用户贡献内容的主观性。

H3b：基于信息披露的交互型社会线索降低了用户贡献内容的客观性。

6.3　研究设计

6.3.1　研究对象

本章的数据来源于某虚拟医疗社区，该在线平台通过收集各个城市的医生信息，为所收集到的每位医生建立了一个信息页。通过信息页，患者可以查看相关医生的详细信息（如职称、专业、特长和门诊时间表等）和医生的所属医院的信息（如电话、医院等级、科室信息和地址等）。在该平台上，患者可以分享自己的就医经验、评价医生（如治疗过程、医生相关信息和医生的态度等），以产生用户贡献内容。患者需要注册成为平台用户才能生成和发布这些内容。

为了能够让医生也参与社区、管理患者和学习知识，该虚拟社区允许医生创建属于他们个人的在线主页，并且注册成为平台用户，这样，医生可以主动更新他们的个人信息和门诊时间表。患者可以通过医生是否有个人主页来判断和识别医生是否已经加入了该在线医疗平台。无论医生是否有个人主页，患者仍然能通过评价医生的方式产生用户内容。尽管该平台允许医生建立个人主页并成为平台用户，但并不是所有的医生都会创建个人主页并成为平台用户，在平台允许医生创建个人主页后，一些医生开始创建个人主页并且注册成为平台用户，而一些医生不会创建个人主页和注册成为平台用户。这就为本章研究并建立交互型社会线索与患者贡献内容之间的因果效应提供了一个机会。

6.3.2　识别策略

根据社会临场感理论，当沟通双方出现在同一个媒介中时，会提高沟通者的意识临场感，即社会临场感其中的一个重要维度（此外，包括情感临场感和认知临场感）[11]。在本章的研究环境中，在医生能够注册成为平台用户之前，该平台的用户是患者，也就是说，只有患者能够参与到该平台中，在医生开始能够通过创建个人主页注册成为平台用户后，该平台的用户才包括患者和医生。因此，在线医疗网站中医生的加入，使得患者和医生能够同时参与到在线医疗网站中，并且医生的个人主页能够展示给患者。通过查看医生是否开通个人主页，患者可以识别哪些医生是在线状态，而且开通个人主页功能的医生，其患者对该医生的评论会显示到其个人页面中。那么，患者有理由认为开通个人主页的医生可以通过患者的评价追溯到期真实姓名和在该医生处的诊疗记录，患者感知到信息披露性。这种信息披露的社会线索只对患者和患者评价的医生间成立，对于患者与患者之间的沟通仍然是匿名的。因此，这种基于信息披露的交互型社会线索，提高了患者在虚拟社区中的社会临场感。

本章目的是建立交互型社会线索与患者贡献内容之间的因果效应。为了建立交互型社会线索与其内容生成行为之间的因果关系，本章利用医生"创建个人主页"建立一个准实验研究设计。正如前文所述，医生个人主页的创建允许医生使用在线医疗平台，医生和患者在相同媒介同时出现，增加了患者在他评价的医生面前信息披露的程度，提高了患者的社会临场感。有些医生在允许创建个人主页后，开始注册并建立个人的主页以使用在线医疗网站，有些医生并没有注册成为平台的用户，因此，本章希望对于创建了个人主页的医生来说，该医生个人主页的建立会增加其患者的社会临场感，由此对患者的内容贡献行为产生影响；对于没有创建个人主页的医生，他们的患者不受创建个人主页功能的影响。因此，本章有两组不同的医生，其中，实验组包含创建了个人主页的医生，而控制组则包含从未创建个人主页的医生。

建立可靠的因果推断的困难是医生建立个人主页的内生性（即自我选择）问题，例如，医生的个体特征可能会同时影响医生对个人主页建立的决定以及患者的产生内容行为。也就是说，实验组和控制组的医生并不是随机分配的。为了模拟随机实验设计并获得"干预效果"的无偏估计，本章利用倾向值匹配和双重差分分析[256-258]，通过使用这些方法，本章希望通过控制自我选择问题来解决内生性问题。

6.3.3　数据采集与样本

本章使用网络爬虫收集了国内某大型虚拟医疗社区从 2007 年 9 月到 2008 年 8 月两种疾病的数据：骨折和冠心病。采集的数据包括医生的职称、性别、在线声誉、医生所在医院的级别、医生的地理位置，以及对同一个医生进行评论的患者用户名、患者发表评论的文本内容和数量等记录等。数据采集期间同时包含了医生开始能够建立个人主页之前 6 个月和之后 6 个月的期间，因此，本章获得了 2055 名医生的样本，其中实验组有 297 名医生，控制组有 1758 名医生。需要注意的是，实验组中不同的医生在不同时间点创建了他们的个人主页。

在后续本章将通过倾向值匹配方法对实验组和控制组的医生进行配对，由此获得实验组的 292 名医生和控制组的 292 名医生。

6.3.4　变量操作化与描述性统计

本章的分析是建立在医生层级上的，即本章检验虚拟社区中加入基于信息披露的交互型社会线索（即医生的个人主页的建立）能否影响患者贡献内容行为的显著变化。

（1）因变量。本章从两个方面检验患者贡献内容：患者贡献内容的数量和患者贡献内容的质量。患者贡献内容的数量被定义为 PGC_Volume_{jt}，表示患者对医生 j 在期间 t 产生的内容总数量。先前的研究表明，高质量的用户产生内容包括客观信息、包含较少的情感表达或者包含较少的积极情感[86,227,259-261]。因此，本章使用基于文本的特征，也就是主观内容、客观内容、积极情感和消极情感，作为表示患者贡献内容质量的标准。客观的用户贡献内容主要包含客观信息、容易被理解，并且最重要的是包含关于治疗过程、医生等详细的看病信息。主观的患者贡献内容主要包含情绪表达、主观的信息，并且没有关于治疗过程、医生等详细的看病信息。除此之外，本章对包含情感信息的患者贡献内容进行情感分析，分为积极情感和消极情感。对于患者贡献内容的主客观分类，本章首先进行人工分类来得到训练集，再通过基于JAVA 开发的文本分类软件对测试集进行分类。对于患者贡献内容的情感分类，本章使用百度自然语言处理，从而对患者产生的内容进行情感分析。这样，本章就得到了四个变量衡量患者贡献内容的质量：客观的患者贡献内容被定义为 $PGC\_Objectivity_{jt}$，表示患者对医生 j 在期间 t 产生的客观内容的总数量；主观的患者贡献内容被定义为 $PGC\_Subjectivity_{jt}$，表示患者对医生 j 在期间 t 产生的主观内容的总数量；积极情感的患者贡献内容被定义为 $PGC\_PositiveEmotion_{jt}$，表示患者对医生 j 在期间 t 产生的积极情感内容的总数量；消极情感的患者贡献内容被定义为 $PGC\_NegativeEmotion_{jt}$，表示患者对医生 j 在期间 t 产生的消极情感内容的总数量。

（2）自变量。本章创建一个二分类变量 $DParT_{jt}$ 表示期间 t 是在医生 j 建立个人主页之前还是之后，该变量取 1 表示期间 t 是在 j 建立个人主页之后，取 0 表示期间 t 是在 j 建立个人主页之前。除此之外，本章创建了一个干预变量 $TreatD_j$，表示医生 j 是在实验组还是在控制组，该变量取 1 表示医生 j 是在实验组，取 0 表示医生 j 是在控制组。

（3）控制变量。本章的控制变量包含医生的职称（被定义为虚拟变量 $DTitle1_j$ 和 $DTitle2_j$，$DTitle1_j$ 取 1 表示医生 j 是主任医师，$DTitle2_j$ 取 1 表示医生 j 是副主任医师）、医生所在医院的级别（被定义为虚拟变量 $HLevel_j$，取 1 表示医生 j 所在的医院是三甲医院）、医生所在地区的经济发展水平（用医生 j 所在地区的 GDP 来衡量，被定义为 GDP_j）和疾病类型（被定义为虚拟变量 $Disease_j$，取 1 表示冠心病）。这些控制变量主要用于倾向值匹配中。变量的定义和统计性描述如表 6-1 所示。

表 6-1　变量定义和描述

变量	定义	样本量	均值	标准差
PGC_Volume_{jt}	患者对医生 j 在期间 t 产生的内容总数量	2055	0.178	0.488
$PGC\_Objectivity_{jt}$	患者对医生 j 在期间 t 产生的客观内容的总数量	2055	0.030	0.179
$PGC\_Subjectivity_{jt}$	患者对医生 j 在期间 t 产生的主观内容的总数量	2055	0.148	0.433
$PGC\_PositiveEmotion_{jt}$	患者对医生 j 在期间 t 产生的积极情感内容的总数量	2055	0.155	0.449
$PGC\_NegativeEmotion_{jt}$	患者对医生 j 在期间 t 产生的消极情感内容的总数量	2055	0.016	0.133

变量	定义	样本量	均值	标准差
$DTitle1_j$	医生的职称，取 1 表示医生 j 是主任医师	2055	0.717	0.450
$DTitle2_j$	医生的职称，取 1 表示医生 j 是副主任医师	2055	0.246	0.431
$HLevel_j$	医生所在医院的级别，取 1 表示医生 j 所在的医院是三甲医院	2055	0.927	0.260
GDP_j	医生所在地区经济发展水平，医生 j 所在地区的 GDP	2055	6610.922	4348.043
$Disease_j$	疾病类型，取 1 表示冠心病	2055	0.620	0.485

6.4 数 据 分 析

根据识别策略，本章的数据中包含两组医生（即实验组和控制组）。双重差分分析通过比较干预（即创建个人主页）前后实验组和控制组的结果来计算干预效果，有助于减少外来因素的影响[256,262]。在进行双重差分分析之前，要保证实验组和控制组中的成员是随机分配的，但是由于医生的自我选择问题，实验组和控制组中的医生不是随机分配的，导致两组是不能比较的。因此，为了确保实验组中的医生与控制组中的医生能够比较，本章使用倾向值匹配从控制组中选择一组医生，以达到这些医生与实验组中的医生具有相似的背景变量，从而得出结果变量（即患者贡献内容）的差异不能归因于医生背景的差异。通过这种方式，实验组和控制组具有可比性，两组间结果变量差异的估计可归因于干预的真实效果[256]。然后本章进行双重差分分析，以检验患者的社会临场感的因果影响。

6.4.1 倾向值匹配

倾向值匹配（Propensity Score Matching，PSM）是一种用于处理观察性数据中的选择性偏差问题的方法。许多研究中，研究对象被分为不同的组别，但由于观测数据往往存在混杂因素，这些组别间可能存在差异，为了能够使组别间具有可比性，PSM 的思路是通过创建一个"倾向值"（Propensity Score）将不同组别的样本进行匹配，以减少或消除混杂因素的影响。本章按照先前文献中的标准步骤进行倾向值匹配[256,263,264]。

　　在虚拟社区情境中，首先，使用包含医生相关背景协变量的 Logistic 模型来估计倾向得分，Logistic 分析结果如表 6-2 所示。其次，使用最近邻居成对匹配方法（The Nearest Neighborhood Pair-matching Algorithm）对实验组和控制组中的医生进行匹配[265]，这样可以得到实验组中的医生与控制组中的医生一对一的匹配对。经过匹配，本章得到了 292 位医生在控制组，相应地得到了 292 位医生在控制组。再次，本章通过直方图绘制倾向值分布，以检查匹配结果是否满足共同支持域要求[256,264,266]，结果见图 6-1 和图 6-2。从图中可以看出，实验组和控制组的倾向值分布在匹配之前是明显不同的，在匹配后，实验组和控制组的倾向值分布非常相似，也就是说，实验组和控制组在倾向值上没有显著差异。因此，匹配结果符合共同支域要求。最后，检查匹配结果的质量，具体来说，本章通过比较匹配前后实验组和控制组之间的协变量来检查两组在协变量上是否达到平衡（见表 6-3）。可以看出，匹配后实验组和控制组在协变量上没有显著差异。通过以上分析，本章得到了相似且能够比较的两组医生，并使用这两组医生来进行双重差分分析。

表 6-2　Logit 回归模型

变量	系数	标准误
DTitle1	-1.236***	0.263
DTitle2	-0.805**	0.272
HLevel	-0.555**	0.209
GDP	-0.181**	0.065
Disease	-0.417***	0.130

续表

变量	系数	标准误
Constant	1.529**	0.568
Log likehood	−813.701	

注：*表示 p<0.05，**表示 p<0.01，***表示 p<0.001。

匹配前

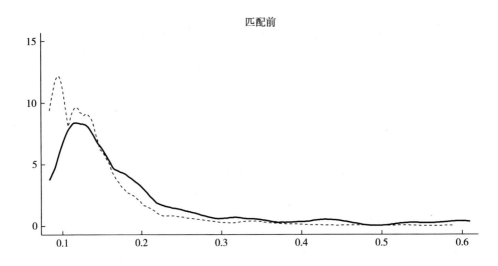

匹配后

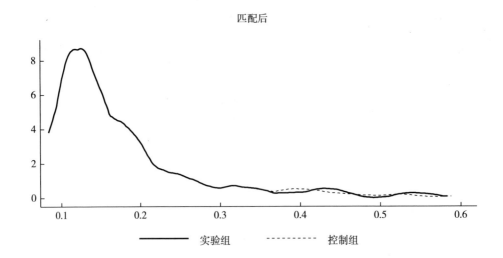

实验组 ———— 控制组 - - - - - -

图 6-1　匹配之前与之后的倾向值分布的直方图

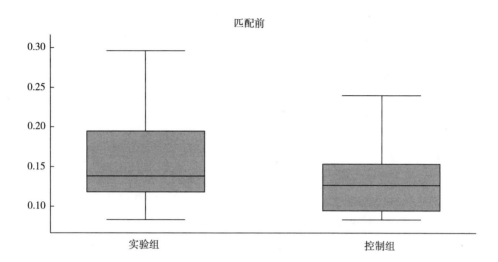

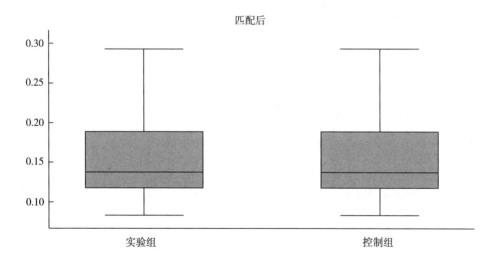

图 6-2 匹配之前与之后的倾向值分布的箱形图

表6-3　协变量在匹配之前与之后的比较

变量	匹配前（U）	均值		%偏差	t-test
	匹配后（M）	实验组	控制组		
DTitle1	Unmatched	0.586	0.739	−32.9	−5.47
	Matched	0.596	0.596	0	−0.00
DTitle2	Unmatched	0.317	0.234	18.4	3.04
	Matched	0.322	0.322	0	0.00
HLevel	Unmatched	0.862	0.938	−25.5	−4.68
	Matched	0.877	0.894	−5.7	−0.65
GDP	Unmatched	8.252	8.503	−25.8	−4.30
	Matched	8.287	8.335	−4.9	−0.57
Disease	Unmatched	0.508	0.639	−26.6	−4.30
	Matched	0.517	0.483	7	0.83

6.4.2　双重差分分析

本章设定如下关于患者贡献内容的双重差分模型。

患者贡献内容数量的模型：

$$PGC\_Volume_{ijt}=\alpha_j+\eta_t+\beta_1 DParT_{ijt}+\beta_2 TreatD_{ij}\times DParT_{ijt}+\varepsilon_{it} \qquad (6-1)$$

患者贡献内容质量的模型：

$$PGC\_Quality_{ijt}=\alpha_j+\eta_t+\beta_1 DParT_{ijt}+\beta_2 TreatD_{ij}\times DParT_{ijt}+\varepsilon_{it} \qquad (6-2)$$

在模型中，i 代表每一对匹配的医生，j 代表医生是在实验组还是在控制组中，t 代表时间期间；$TreatD_{ij}$ 是一个虚拟变量，表示匹配对 i 中医生 j 是在实验组（$TreatD_{ij}=1$）还是在控制组（$TreatD_{ij}=0$）；$DParT_{ijt}$ 是一个虚拟变量，表示期间 t 是在属于匹配对 i 的医生 j 建立个人主页之前（$DParT_{ijt}=0$）还是建立个人主页之后（$DParT_{ijt}=1$）；α_j 是医生的固定效应，以控制不同医生之间不可观测到的异质性；η_t 是时间的固定效应，以控制时间趋势；PGC_Volume_{ijt}

是患者对属于匹配对 i 的医生 j 在期间 t 产生的内容的数量；$PGC\_Quality_{ijt}$ 代表患者对属于匹配对 i 的医生 j 在期间 t 产生内容的质量，是基于文本的特征，包含患者产生的客观内容的数量（$PGC\_Objectivity_{ijt}$），患者产生的主观内容的数量（$PGC\_Subjectivity_{ijt}$），患者产生积极情感内容的数量（$PGC\_PositiveEmotion_{ijt}$）和患者产生消极情感内容的数量（$PGC\_NegativeEmotion_{ijt}$）。

6.4.3　研究结果

采用 Stata 数据分析软件，本章首先运行加入个体固定效应而不加入时间固定效应的模型，其次运行同时加入个体固定效应和时间固定效应的模型。除此之外，本章同时对不取 ln 和取 ln 的因变量进行分析，表 6-4、表 6-5 和表 6-6 展示了双重差分分析结果。

表 6-4　基于信息披露的交互型社会线索对患者贡献内容数量的影响

Variables	PGC Quantity			
	PGC_Volume		lnPGC_Volume	
Models	（1）	（2）	（3）	（4）
DParT	−0.073***	−0.008	−0.049***	−0.010
	（0.015）	（0.025）	（0.009）	（0.014）
TreatD×DParT	0.189***	0.189***	0.114***	0.114***
	（0.030）	（0.030）	（0.015）	（0.015）
Constant	0.054***	0.054**	0.041***	0.042***
	（0.007）	（0.019）	（0.003）	（0.011）
Physicians fixed effects	Y	Y	Y	Y
Time fixed effects	N	Y	N	Y
Robust standard errors	Y	Y	Y	Y
Number of physicians	584	584	584	584
R^2	0.244	0.246	0.223	0.227

注：＊表示 p<0.05，＊＊表示 p<0.01，＊＊＊表示 p<0.001。

表6-5 基于信息披露的交互型社会线索对患者贡献内容情感属性的影响

Variables	PGC Quality (1)							
	PGC_PositiveEmotion		lnPGC_PositiveEmotion		PGC_NegativeEmotion		lnPGC_NegativeEmotion	
Models	(1)	(2)	(3)	(4)	(5)	(6)	(7)	(8)
DParT	-0.058*** (0.014)	-0.003 (0.024)	-0.038*** (0.009)	-0.005 (0.013)	-0.006 (0.004)	0.002 (0.006)	-0.004 (0.003)	0.001 (0.004)
TreatD×DParT	0.164*** (0.028)	0.164*** (0.028)	0.100*** (0.015)	0.100*** (0.015)	0.010 (0.007)	0.010 (0.007)	0.007 (0.005)	0.007 (0.005)
Constant	0.057*** (0.006)	0.051** (0.017)	0.042*** (0.003)	0.040*** (0.010)	-0.001 (0.001)	0.002 (0.005)	-0.001 (0.001)	0.001 (0.004)
Physicians fixed effects	Y	Y	Y	Y	Y	Y	Y	Y
Time fixed effects	N	Y	N	Y	N	Y	N	Y
Robust standard errors	Y	Y	Y	Y	Y	Y	Y	Y
Number of physicians	584	584	584	584	584	584	584	584
R^2	0.223	0.225	0.208	0.211	0.130	0.131	0.130	0.131

注：* 表示 $p<0.05$，** 表示 $p<0.01$，*** 表示 $p<0.001$。

表6-6 基于信息披露的交互型社会线索对患者贡献内容主客观性的影响

Variables	PGC_Objectivity		lnPGC_Objectivity		PGC Quality (2) PGC_Subjectivity		lnPGC_Subjectivity	
Models	(1)	(2)	(3)	(4)	(5)	(6)	(7)	(8)
DParT	-0.006	-0.012	-0.004	-0.008	-0.067***	0.004	-0.045***	-0.0003
	(0.007)	(0.010)	(0.004)	(0.007)	(0.013)	(0.022)	(0.008)	(0.013)
TreatD×DParT	0.019	0.019	0.011	0.011	0.170***	0.170***	0.108***	0.108***
	(0.011)	(0.011)	(0.007)	(0.007)	(0.025)	(0.025)	(0.014)	(0.014)
Constant	-0.003	-0.012	-0.002	-0.008	0.058***	0.066***	0.042***	0.047***
	(0.002)	(0.006)	(0.001)	(0.004)	(0.006)	(0.017)	(0.003)	(0.010)
Physicians fixed effects	Y	Y	Y	Y	Y	Y	Y	Y
Time fixed effects	N	Y	N	Y	N	Y	N	Y
Robust standard errors	Y	Y	Y	Y	Y	Y	Y	Y
Number of physicians	584	584	584	584	584	584	584	584
R^2	0.139	0.141	0.136	0.138	0.218	0.222	0.206	0.209

注：* 表示 $p<0.05$，** 表示 $p<0.01$，*** 表示 $p<0.001$。

表6-4是基于信息披露的交互型社会线索对患者贡献内容的数量影响的数据分析结果。从表6-5中可以看到，代表干预效应（*TreatD×DParT*）的系数是正向显著的，说明虚拟医疗社区汇总患者使用交互型社会线索（即信息披露功能）能够促进患者产生更多的内容，这样，本章研究假设H1得到了验证。本章对于内容情感属性的分析（见表6-5），基于信息披露的交互型社会线索能够促使患者产生更多带有积极情绪的内容，但不会影响带有消极情绪的内容，这样本章的研究假设H2得到了验证。本章对患者贡献内容的质量（即基于文本的特征）进行分析，研究发现，对于内容的主客观性（见表6-6），基于信息披露的交互型社会线索能够促使患者产生更多主观的内容，而对客观的内容没有影响，这样本章的研究假设H3得到了验证。

6.5 稳健性检验

6.5.1 匹配方法的稳健性检验

在上述的实证检验阶段，本章使用的是不包含卡尺的最近邻成对匹配方法进行匹配。接下来，本章使用更具有广泛使用性的卡尺匹配和最近邻居匹配相结合的方法，即卡尺范围内的最近邻居成对匹配方法（Caliper Range Nearest Neighbor Pair Matching Method）[264]，以检验研究结果对不同的匹配方法的稳健性。

根据之前的步骤，本章根据Logistic模型估计出来的倾向得分，使用卡尺范围内的最邻近成对匹配算法对实验组和控制组中的医生进行成对匹配，其中，以样本估计的倾向值标准差的1/4作为卡尺大小[267]。经过匹配，本章得到了290位医生在实验组，相应地得到了290位医生在控制组。本章通过检查直方图和箱形图绘制倾向值分布，确保了匹配后的实验组和控制组的倾向值分布相似（见图 6-3 和图 6-4）。本章通过比较匹配前后实验组和控制组之间的协变量的差异，确保了匹配结果的质量，如表 6-7 所示。

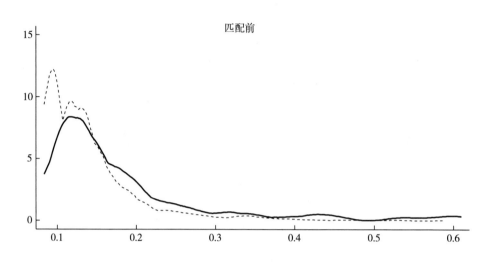

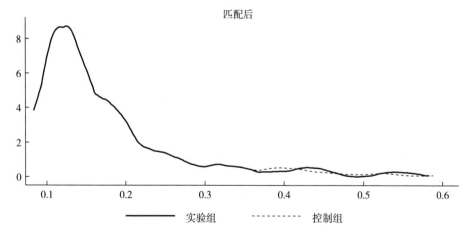

图 6-3　匹配之前与之后的倾向值分布的平滑直方图

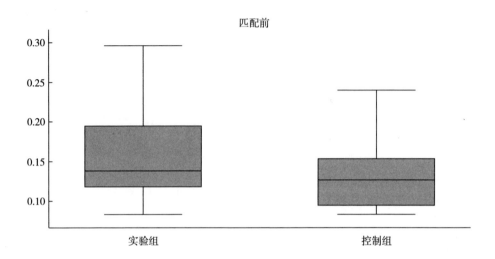

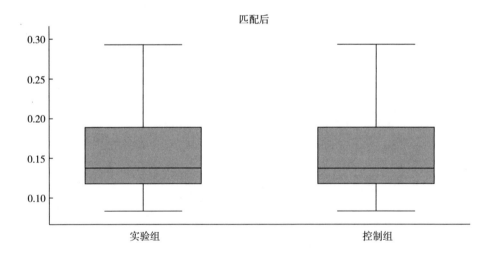

图 6-4　匹配之前与之后的倾向值分布的箱形图

表 6-7 协变量在匹配之前与之后的比较

变量	匹配前（U）	均值		%偏差	t-test
	匹配后（M）	实验组	控制组		
DTitle1	Unmatched	0.586	0.739	−32.9	−5.47
	Matched	0.6	0.6	0	0
DTitle2	Unmatched	0.317	0.234	18.4	3.04
	Matched	0.324	0.324	0	0
HLevel	Unmatched	0.862	0.938	−25.5	−4.68
	Matched	0.883	0.897	−4.6	−0.53
GDP	Unmatched	8.252	8.503	−25.8	−4.3
	Matched	8.292	8.333	−4.2	−0.49
Disease	Unmatched	0.508	0.639	−26.6	−4.3
	Matched	0.517	0.486	6.3	0.75

在利用卡尺范围内的最近邻居成对匹配方法得到两组医生后，本章利用产生的数据集进行双重差分分析。表 6-8、表 6-9 和表 6-10 是双重差分分析的结果。可以看出，分析结果与前文主分析得到的结果一致。

表 6-8 基于信息披露的交互型社会线索对患者贡献内容数量的影响

Variables	PGC Quantity			
	PGC_Volume		lnPGC_Volume	
Models	（1）	（2）	（3）	（4）
DParT	−0.073 ***	−0.008	−0.049 ***	−0.009
	(0.015)	(0.026)	(0.009)	(0.014)
TreatD×DParT	0.190 ***	0.190 ***	0.115 ***	0.115 ***
	(0.030)	(0.030)	(0.015)	(0.015)
Constant	0.054 ***	0.054 ***	0.041 ***	0.042 ***
	(0.007)	(0.019)	(0.003)	(0.011)
Physicians fixed effects	Y	Y	Y	Y
Time fixed effects	N	Y	N	Y
Robust standard errors	Y	Y	Y	Y
Number of physicians	580	580	580	580
R^2	0.243	0.246	0.223	0.226

注：* 表示 p<0.05，** 表示 p<0.01，*** 表示 p<0.001。

表6-9 基于信息披露的交互型社会线索对患者贡献内容主客观性的影响

Variables	PGC Quality（1）							
	PGC_Objectivity		lnPGC_Objectivity		PGC_Subjectivity		lnPGC_Subjectivity	
Models	（1）	（2）	（3）	（4）	（5）	（6）	（7）	（8）
$DParT$	-0.007	-0.013	-0.004	-0.009	-0.067***	0.005	-0.044***	0.001
	(0.007)	(0.010)	(0.005)	(0.007)	(0.013)	(0.022)	(0.008)	(0.013)
$TreatD×DParT$	0.019	0.019	0.012	0.012	0.170***	0.170***	0.108***	0.108***
	(0.011)	(0.011)	(0.007)	(0.007)	(0.025)	(0.025)	(0.014)	(0.014)
$Constant$	-0.003	-0.012	-0.002	-0.008	0.057***	0.066***	0.042***	0.047***
	(0.002)	(0.007)	(0.001)	(0.004)	(0.006)	(0.017)	(0.003)	(0.010)
Physicians fixed effects	Y	Y	Y	Y	Y	Y	Y	Y
Time fixed effects	N	Y	N	Y	N	Y	N	Y
Robust standard errors	Y	Y	Y	Y	Y	Y	Y	Y
Number of physicians	580	580	580	580	580	580	580	580
R^2	0.139	0.141	0.136	0.138	0.218	0.222	0.205	0.209

注：* 表示 $p<0.05$，** 表示 $p<0.01$，*** 表示 $p<0.001$。

表 6-10　基于信息披露的交互型社会线索对患者贡献内容情感属性的影响

Variables	PGC Quality (2)							
	PGC_PositiveEmotion		lnPGC_PositiveEmotion		PGC_NegativeEmotion		lnPGC_NegativeEmotion	
Models	(1)	(2)	(3)	(4)	(5)	(6)	(7)	(8)
$DParT$	-0.058*** (0.014)	-0.003 (0.024)	-0.038*** (0.009)	-0.005 (0.013)	-0.006 (0.004)	0.002 (0.006)	-0.004 (0.003)	0.001 (0.004)
$TreatD \times DParT$	0.165*** (0.028)	0.165*** (0.028)	0.100*** (0.015)	0.100*** (0.015)	0.010 (0.007)	0.010 (0.007)	0.007 (0.005)	0.007 (0.005)
$Constant$	0.057*** (0.006)	0.051** (0.017)	0.042*** (0.003)	0.041*** (0.010)	-0.001 (0.001)	0.002 (0.005)	-0.001 (0.001)	0.001 (0.004)
Physicians fixed effects	Y	Y	Y	Y	Y	Y	Y	Y
Time fixed effects	N	Y	N	Y	N	Y	N	Y
Robust standard errors	Y	Y	Y	Y	Y	Y	Y	Y
Number of physicians	580	580	580	580	580	580	580	580
R^2	0.223	0.225	0.208	0.210	0.130	0.131	0.130	0.131

注：* 表示 $p<0.05$，** 表示 $p<0.01$，*** 表示 $p<0.001$。

6.5.2　双重差分分析的稳健性检验

6.5.2.1　双重差分有效性分析

本章使用相对时间模型[268-270]检验双重差分分析的前提假定，即平行趋势。平行趋势假定要求实验组和控制组间的发展趋势在干预前没有异质性[262]。具体而言，根据先前的研究[227,262,268-271]，本章建立以下模型来检验实验组和控制组之间的发展趋势在干预前是否存在异质性。

患者贡献内容数量的模型：

$$PGC\_Volume_{ijt} = \alpha_j + \sum_{\eta=-5}^{-1} \beta_\eta Time\_dummy_{t\eta} + \sum_{\eta=-5}^{-1} \delta_\eta Time\_dummy_{t\eta} \times$$
$$TreatD_{ij} + \varepsilon_{it} \qquad (6-3)$$

患者贡献内容质量的模型：

$$PGC\_Quality_{ijt} = \alpha_j + \sum_{\eta=-5}^{-1} \beta_\eta Time\_dummy_{t\eta} + \sum_{\eta=-5}^{-1} \delta_\eta Time\_dummy_{t\eta} \times$$
$$TreatD_{ij} + \varepsilon_{it} \qquad (6-4)$$

在模型中，i 代表每一对匹配的医生，j 代表医生是在实验组还是在控制组中，t 代表时间期间；$TreatD_{ij}$ 是一个虚拟变量，表示匹配对 i 中医生 j 是在实验组（$TreatD_{ij}=1$）还是在控制组（$TreatD_{ij}=0$）；α_j 是医生的固定效应，以控制不同医生之间不可观测到的异质性；$Time\_dummy_{t\eta}$ 是一系列时间虚拟变量，其中，本章将所有医生中最早开始建立个人主页的前一期（即 T=6）作为基准，η=-1 到-5 表示干预之前最早的 5 期（即 T=1-5）；PGC_Volume_{ijt} 属于匹配对 i 的医生 j 的患者在期间 t 产生的内容数量；$PGC\_Quality_{ijt}$ 代表属于匹配对 i 的医生 j 的患者在期间 t 产生内容的质量，是基于文本的特征，包含患者产生的客观内容的数量（$PGC\_Objectivity_{ijt}$）、患者产生的主观内容的数量（$PGC\_Subjectivity_{ijt}$）、患者产生积极情绪内容的数量（$PGC\_PositiveEmotion_{ijt}$）和患者产生消极情绪内容的数量（$PGC\_NegativeEmotion_{ijt}$）。

本章在图 6-5、图 6-6 和图 6-7 中分别绘制了不同模型中在干预前的每个期间的"干预效应"（即 *TreatD×Time_dummy*）和其 95%的置信区间。可以看到，没有证据显示在干预前的期间存在显著的干预前差异，因此，在干预前的期间，实验组和控制组在结果变量上有相似的发展趋势，从而验证了双重差分分析的平行趋势假定。这样，本章得到的双重差分分析的结果是有效的。

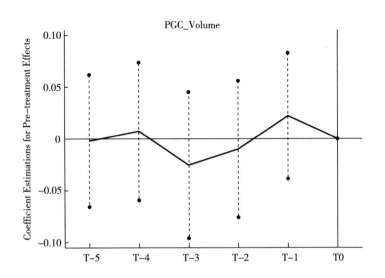

图 6-5　在干预前的不同期间中"干预效应"的系数——患者贡献内容的数量

6.5.2.2　安慰剂检验

本章还进行了安慰剂检验（Placebo Test），以排除本分析结果不是由于伪相关或者是模型设定导致的。具体而言，本章使用前六个月的数据，并且将干预起始时间设定为 T=4，这样，本章在"干预"前后各有三个期间。双重差分分析结果如表 6-11、表 6-12 和表 6-13 所示。可以看到，所有的"干预效应"都是不显著的。因此，分析结果可以归结于是医生开始建立个人主页导致的。

虚拟社区中社会线索与用户贡献研究

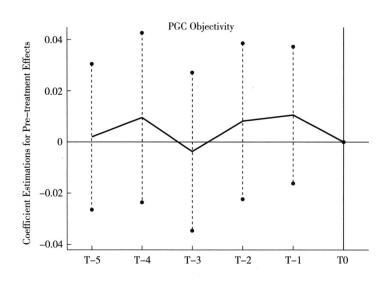

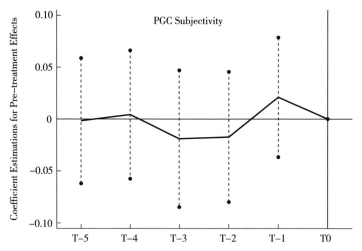

图6-6 在干预前的不同期间中"干预效应"的系数——患者贡献内容的主客观

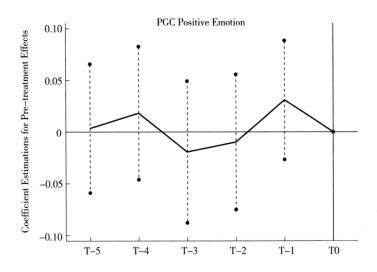

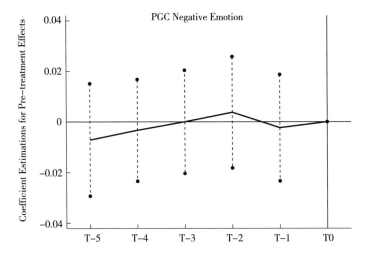

图 6-7　在干预前的不同期间中"干预效应"的系数——患者贡献内容的情感属性

表 6-11 基于信息披露的交互型社会线索对患者贡献内容数量的影响

Variables	PGC Quantity			
	PGC_Volume		ln*PGC_Volume*	
Models	（1）	（2）	（3）	（4）
DParT	−0.011 （0.026）		−0.006 （0.016）	
TreatD×DParT	0.025 （0.037）	0.025 （0.037）	0.011 （0.021）	0.011 （0.021）
Constant	−0.007 （0.013）	−0.022 （0.020）	−0.002 （0.007）	−0.012 （0.012）
Physicians fixed effects	Y	Y	Y	Y
Time fixed effects	N	Y	N	Y
Robust standard errors	Y	Y	Y	Y
Number of physicians	584	584	584	584
R^2	0.282	0.284	0.261	0.264

注：∗表示 $p<0.05$，∗∗表示 $p<0.01$，∗∗∗表示 $p<0.001$。

6.5.3 其他稳健性检验

由于研究中一些因变量间可能是共同决定的，因此，每个因变量方程中的误差项间可能是关联的。本章使用似然不相关回归（Seemingly-Unrelated Regression，SUR）对模型进行估计，以确保分析结果的稳健性[227]。模型分析结果如表 6-14 所示，可以看到，似然不相关回归的分析结果和主分析结果一致。

表6-12　基于信息披露的交互型社会线索对患者贡献内容主客观的影响

Variables	PGC Quality (1)							
	PGC_Objectivity		lnPGC_Objectivity		PGC_Subjectivity		lnPGC_Subjectivity	
Models	(1)	(2)	(3)	(4)	(5)	(6)	(7)	(8)
DParT	-0.005 (0.008)		-0.003 (0.006)		-0.007 (0.025)		-0.003 (0.016)	
TreatD×DParT	0.006 (0.012)	0.006 (0.012)	0.004 (0.008)	0.004 (0.008)	0.019 (0.033)	0.019 (0.034)	0.007 (0.020)	0.007 (0.020)
Constant	-0.001 (0.004)	-0.009 (0.007)	-0.001 (0.003)	-0.006 (0.005)	-0.006 (0.011)	-0.013 (0.018)	-0.002 (0.006)	-0.008 (0.011)
Physicians fixed effects	Y	Y	Y	Y	Y	Y	Y	Y
Time fixed effects	N	Y	N	Y	N	Y	N	Y
Robust standard errors	Y	Y	Y	Y	Y	Y	Y	Y
Number of physicians	584	584	584	584	584	584	584	584
R^2	0.219	0.220	0.219	0.221	0.252	0.254	0.240	0.242

注：*表示 $p<0.05$，**表示 $p<0.01$，***表示 $p<0.001$。

表6-13 基于信息披露的交互型社会线索对患者贡献内容情感属性的影响

Variables	PGC Quality (2)							
	PGC_Objectivity		lnPGC_Objectivity		PGC_Subjectivity		lnPGC_Subjectivity	
Models	(1)	(2)	(3)	(4)	(5)	(6)	(7)	(8)
DParT	-0.003 (0.024)		-0.0002 (0.015)		-0.003 (0.007)		-0.002 (0.005)	
TreatD×DParT	0.019 (0.035)	0.019 (0.035)	0.006 (0.020)	0.006 (0.020)	0.006 (0.009)	0.006 (0.009)	0.004 (0.006)	0.004 (0.006)
Physicians fixed effects	Y	Y	Y	Y	Y	Y	Y	Y
Time fixed effects	N	N	N	N	N	N	N	N
Robust standard errors	Y	Y	Y	Y	Y	Y	Y	Y
Number of physicians	584	584	584	584	584	584	584	584
R^2	0.270	0.272	0.256	0.258	0.204	0.204	0.204	0.204

注：* 表示 p<0.05，** 表示 p<0.01，*** 表示 p<0.001。

表 6-14　基于信息披露的交互型社会线索对患者贡献内容数量与质量的影响

Variables	PGC Volume		PGC Quality		
	ln*PGC_Volume*	ln*PGC_Objectivity*	ln*PGC_Subjectivity*	ln*PGC_PositiveEmotion*	ln*PGC_NegativeEmotion*
Models	(1)	(2)	(3)	(4)	(5)
DParT	0.001	−0.005	0.007	0.003	0.001
	(0.011)	(0.005)	(0.011)	(0.011)	(0.004)
TreatD×DParT	0.068***	0.007	0.064***	0.059***	0.004
	(0.010)	(0.005)	(0.009)	(0.010)	(0.003)
Constant	−0.006	−0.006	−0.003	−0.009	0.002
	(0.010)	(0.005)	(0.010)	(0.010)	(0.003)
Physicians fixed effects	Y	Y	Y	Y	Y
Time fixed effects	Y	Y	Y	Y	Y
Robust standard errors	Y	Y	Y	Y	Y
Number of physicians	584	584	584	584	584

注：＊表示 $p<0.05$，＊＊表示 $p<0.01$，＊＊＊表示 $p<0.001$。

6.6　讨论与研究启示

6.6.1　讨论

本章检查了虚拟医疗社区中患者贡献内容的前因变量，以探索基于信息披露的交互型社会线索如何影响患者贡献内容的数量和质量。通过建立"准实验"设计，发现基于信息披露的交互型社会线索，提升了虚拟医疗社区中患者的社会临场感体验，促使患者产生更多关于医生的在线评论。这表明基于信息披露的交互型社会线索可以使医生和平台受益于更多的患者贡献内容，即在线评论。研究结果表明，基于信息披露的交互型社会线索可以刺激患者发表更多的主观内容和更积极的情感内容。但是，它与客观内容和消极情绪的内容没有显著关系。本章认为，原因在于，虚拟社区通过植入基于信息披露的交互型社会线索，使患者把发表在线评论内容作为与医生进行沟通和建立关系的一种渠道，而不是仅将在线评论作为分享看病经验，以帮助其他患者的方式。如前文所讨论的，用户贡献内容中更多的主观性和更积极的情绪表达反映了用户贡献的低质量。因此，基于信息披露的交互型社会线索可能对在线医疗社区的长远发展不利。医生和具有更低质量的患者生成内容对平台有害。综合来看，基于信息披露的交互型社会线索对于在线医疗社区是一把"双刃剑"，它既可以促进更大规模的用户贡献内容的产生，同时也降低了用户贡献内容的质量。

本章通过建立基于信息披露的交互型社会线索与用户贡献内容行为的因果关系，为用户贡献内容和虚拟社区领域贡献了一定的价值，主要体现在：

首先，该研究探索了用户贡献内容产生的前因，属于用户贡献内容领域中目前成果还很少但开始不断增长的一类研究。探索用户贡献内容产生的影响因素，并推动用户内容的产生一直是信息系统领域的重点研究领域。现有文献主要关注个人和产品因素，如性别、文化背景和产品类型[272,273]，以及社会影响因素，如以前发表的用户贡献内容、受众规模和社会关系[274,275]。本章通过提供一个新的视角洞察了用户贡献内容产生的驱动因素——来自特定人群（即被评价对象）的交互型社会线索，从而为用户贡献内容领域的文献做出贡献。而且本书建立了基于信息披露的交互型社会线索与用户贡献内容间的因果关系，这与目前多数研究中建立的相关关系更能可靠地帮助研究人员预测用户贡献行为的变化，且有效指导实践应用，特别是虚拟社区的运营管理。

其次，目前医疗保健方面关于用户贡献行为的文献都是关注用户贡献的质量和产生的影响结果，本章迈出了重要的一步，探索在线医疗社区环境中用户贡献行为产生的原因。

6.6.2　研究启示

本章的研究结果对虚拟医疗社区的实践管理具有重要的指导意义。

首先，本章的研究结果可以为虚拟医疗社区中患者贡献内容的培养和积累提供重要且可操作性的见解。研究结果表明，基于信息披露的交互型社会线索可以激发患者发表更多的在线评论，因此，在线医疗社区的运营者可以在虚拟社区中植入基于信息披露的交互型社会线索，以增加用户贡献的数量。用户贡献数量的提高充分反映了社区的活跃度，对于在线社区或者评论网站来说，有利于吸引更多的新用户加入社区，同时激发现有社区成员更积极地发表内容。可以说，在线评论的数量是在线医疗社区，以及更广泛的更多类型虚拟社区运营者应该重视的社区资源。

其次，本章证明基于信息披露的交互型社会线索在促进在线评论数量提升的同时，会损害虚拟社区中在线评论的质量，即评论内容对其他同辈消费者的参考价值显著下降。本章认为，原因在于虚拟社区中植入基于信息披露的交互型社会线索，改变了原有的虚拟社区患者将在线评论仅视为消费经验分享和帮助其他人的做法，加入这种信息披露的交互型社会线索使患者将在线评论作为与医生沟通和建立关系的一种方式，而不是将其作为传统的用户贡献内容来帮助其他患者。因此，邀请医生加入在线医疗社区网站应该考虑设计附加功能，例如通过提供额外的医患沟通功能以提高虚拟医疗社区患者贡献内容的质量。

这些指导意见有助于在线医疗社区更好地管理用户贡献行为，平衡数量和质量的需求，提高社区的吸引力和用户参与度。同时，这也强调了虚拟社区管理者需要仔细考虑社会线索的设计和实施，以达到最佳效果。

6.7　本章小结

　　本章探索了基于信息披露的交互型社会线索与患者贡献内容的数量及质量的因果影响关系。基于社会临场感理论，本章构建了基于信息披露的交互型社会线索对用户贡献行为的影响模型，提出了相关研究假设。在实证分析阶段，以国内某大型虚拟医疗社区为研究对象，选取虚拟社区中加入开通"医生个人主页"这一事件，采集了医生建立个人主页之前6个月和之后6个月期间的数据，最终获得了2055名医生的样本，其中，实验组有297名医生，控制组有1758名医生。进一步通过倾向值匹配方法对实验组和控制组的医生进行配对，由此获得实验组的292名医生和控制组的292名医生。实证分析环节，采用双重差分模型对研究数据进行分析，并对研究结果进行一系列稳健性检验。

　　本章的主要结论：①基于信息披露的交互型社会线索通过提升虚拟医疗社区中患者的社会临场感体，促使患者贡献了更多数量的在线评论，说明基于信息披露的交互型社会线索可以使医生和平台受益于更多的患者贡献内容，即在线评论。②基于信息披露的交互型社会线索可以刺激患者发表更多的主观内容和更积极的情感内容；但它与客观内容和消极情绪的内容没有显著关系，说明基于信息披露的交互型线索对于虚拟社区来说是一把"双刃剑"，在增加UGC数量的同时，在一定程度上影响了UGC的质量。最终，对研究结果进行了讨论，并提出了相应的研究启示。

结　论

互联网和社会化媒体技术的发展，催生了以信息共享和社会互动为主题的虚拟社区的蓬勃发展，越来越多的用户喜欢使用虚拟社区与世界各地的陌生人交流经验、观点和知识，这改变了人们工作和生活中的交流方式。虚拟社区的社会线索既包括有利于自我形象展示的功能特征（印象型社会线索），也包括有利于双向沟通或实时互动的功能特征（交互型社会线索），用户使用社会线索形成的社区体验可以很好地反映信息技术和用户体验的融合，进而影响用户发表内容行为。本书聚焦于虚拟社区的社会线索，深入研究印象型和交互型社会线索对用户贡献意愿和行为表现产生的影响，从而更加全面地理解虚拟社区中的社会线索与用户贡献之间的关系，为虚拟社区的运营管理提供决策支撑。本书的主要结论和创新点如下：

（1）构建了虚拟社区中社会线索对用户初始贡献意愿影响的理论模型，并通过实证研究揭示了印象型社会线索和交互型社会线索对用户初始贡献意愿的影响机制。

本书弥补了现有文献对用户初始贡献行为形成机制不清晰的不足，将用户贡献行为区分为初始贡献与持续贡献，首次探索了虚拟社区中社会线索对用户初始贡献行为的影响机制。借鉴社会临场感理论，本书分析了印象型和交互型社会线索通过影响用户的意识临场感、情感临场感和认知临场感，对用户的初始贡献意愿产生影响的过程；同时，由社会线索产生的用户社会临场感还通过影响用户对社区的信任间接影响用户的初始贡献意愿，由此构建了虚拟社区中社会线索对用户贡献意愿影响的理论模型。为了检验理论模型的有效性，通过问卷调查获取研究数据并采用结构方程模型对研究假设进行验证。研究结果表明，用户对虚拟社区中社会线索的使用可以显著提升其初始贡献意愿，认知临场感在社会线索与用户初始贡献意愿的关系中发挥了中介效应，信任在情感临场感与初始贡献意愿关系，以及在认知临场感与初始贡献意愿的关系中都发挥了中介效应。本书丰富了虚拟社区用户贡献研究的理论文献，也为虚拟社区平台的运营者如何设计有利于用户互动的技术功能提供了理论参考。

（2）构建了虚拟社区中社会线索对用户持续贡献意愿影响的理论模型，并通过实证研究探明了印象型社会线索和交互型社会线索对用户持续贡献意愿的影响机制。

本书基于社会临场感理论和心流理论，分析了虚拟社区中社会线索对用户持续贡献意愿的影响过程。考虑到虚拟社区中的用户贡献行为是在信息技术和用户体验的融合下产生的，社会临场感可以较好地反映用户对社会线索感知的心理状态，包括意识临场感、情感临场感和认知临场感三个层面。同时，社会临场感可以进一步提升用户在社区中产生心流体验，这是用户持续参与虚拟社区活动的重要内在驱动力，由此提出了社会临场感和心流体验组成的链式中介路径在社会线索与用户持续贡献意愿间的作用，并建立了理论模型。研究结果表明，用户使用社会线索可以显著提升用户的持续贡献意愿，同时社会线索还通过社会临场感和心流体验的链式中介正向影响用户持续贡献意愿，但意识临场感对用户持续贡献意愿没有显著影响。研究结果补充了以前学者主要考虑社会心理学因素对用户持续贡献行为的影响研究，丰富了虚拟社区用户贡献领域的研究成果，为后续学者提供了一种新的研究视角。

（3）构建了基于身份标识的印象型社会线索对用户贡献行为影响的理论模型，并利用客观数据对该模型进行了检验，明确了印象型社会线索和用户贡献行为间的因果关系。

身份标识作为虚拟社区激励用户贡献行为的一种手段，现有研究多是通过自我报告数据检验该激励措施与用户贡献行为间的相关关系，借鉴社会助长理论，本书建立了基于身份标识的印象型社会线索对用户贡献内容影响的模型，以某在线化妆品交流社区为研究对象，通过基于面板数据的固定效应回归模型进行实证检验，研究结果发现，基于身份标识的社会线索在促进用户贡献数量上是有效的，但对用户贡献的质量没有效果，同时基于身份标识的社会线索的激励作用仅对特定临界值以内的用户参与水平有效。本书拓展了虚拟社区领域的相关研究，为虚拟社区运营者设置有效的激励政策提供了理论支撑。

（4）构建了基于信息披露的交互型社会线索对用户贡献行为影响的理论模型，并通过准实验研究验证了交互型社会线索和用户贡献行为之间的因果关系。

基于社会临场感理论，本书建立了基于信息披露的交互社会线索对用户贡献内容影响的理论模型，以某在线医疗社区为研究对象，利用倾向值匹配和双重差分方法进行实证检验，研究结果发现，虚拟社区引入信息披露的社会线索促进了用户贡献数量的增加，同时造成用户贡献内容质量的下降，表现在基于信息披露的社会线索刺激用户产生更多主观内容和更多积极情感属性的内容，但对客观内容和消极情感的内容没有显著影响。本书为后续学者拓展更多交互型社会线索的影响效应提供了一定的思路，同时为虚拟社区平台的设计者如何在技术方面改进设计以提升用户体验提供了理论借鉴。

虽然本书取得了有价值的研究成果，但仍存在一定的不足，这也为未来进一步的研究指明了方向。

首先，本书将用户贡献实际上分为用户贡献意愿和用户贡献行为两个方面。用户贡献意愿包括初始贡献意愿和持续贡献意愿，在第 3 章和第 4 章进行研究；用户贡献行为包括贡献的数量和质量，在第 5 章和第 6 章进行研究。但由于数据获取的限制，很难在同一个虚拟社区平台观察印象型和交互型社会线索的改变，因此本书无法关注社会线索对用户初始贡献的数量和质量，以及持续贡献的数量和质量这些测量指标的影响。后续研究可以通过实验的方法，建立一个虚拟社区平台，人为操纵虚拟社区中印象型社会线索和交互型社会线索的条件，对用户的实际初始贡献和持续贡献行为展开研究。

其次，本书中涉及的四个研究均聚焦于虚拟社区中社会线索对用户贡献影响的主效应，没有对可能影响研究模型的边界条件进行挖掘，这可能影响研究模型的解释力度。例如，虚拟社区经营涉及的产品类型不同，有的虚拟社区涉及的是体验型产品（如化妆品和医疗服务），有的虚拟社区涉及的是功能型产品（如汽车和手机），研究可以考察不同产品类型是否调节了社会线索对用户贡献的影响。此外，用户在虚拟社区中的社会网络大小可能影响社会线索的效果。拥有广泛社交网络的用户可能更容易受到社会线索的影响，因为他们有更多的社交联系可以与之互动；用户对虚拟社区的满意度可能会调节社会线索的效果。满意度高的用户可能更愿意参与社交互动，而满意度低的用户可能不太受社会线索的吸引；调节变量可能还有用户的社会文化背景、年龄和性别、社区目标和主题等，未来的研究中充分考虑这些调节变量，可以更全面地理解虚拟社区中社会线索对用户贡献的影响，并识别不同用户群体之间的差异。通过考虑这些调节变量，研究可以更精细地探讨虚拟社区中用户行为的复杂性。

参考文献

［1］ Jakob Nielsen, The 90-9-1 Rule for Participation Inequality in Social Media and Online Communities (2006), http：//www. webcitation. org/6VmCdF1C3.

［2］ Molly Mclure Wasko and Samer Faraj, Why Should I Share? Examining Social Capital and Knowledge Contribution in Electronic Networks of Practice, *MIS Quarterly*, pp 35-57, 2005.

［3］ Naren B Peddibhotla and Mani R Subramani, Contributing to Public Document Repositories: A Critical Mass Theory Perspective, *Organization Studies*, 28 (3), pp 327-346, 2007.

［4］ Lars Bo Jeppesen and Lars Frederiksen, Why Do Users Contribute to Firm-Hosted User Communities? The Case of Computer-Controlled Music Instruments, *Organization Science*, 17 (1), pp 45-63, 2006.

［5］ Chao-Min Chiu, Meng-Hsiang Hsu and Eric Tg Wang, Understanding Knowledge Sharing in Virtual Communities: An Integration of Social Capital and Social Cognitive Theories, *Decision Support Systems*, 42 (3), pp 1872-1888, 2006.

［6］ Kimberly Ling, Gerard Beenen, Pamela Ludford, Xiaoqing Wang, Klarissa Chang, Xin Li, Dan Cosley, Dan Frankowski, Loren Terveen and Al Mamunur Rashid, Using Social Psychology to Motivate Contributions to Online Communities, *Journal of Computer-Mediated Communication*, 10 (4), pp 7-14, 1994.

[7] Sheizaf Rafaeli and Fay Sudweeks, Networked Interactivity, *Journal of Computer-mediated Communication*, 2 (4): 7-14, 1997.

[8] Mani Subramani, How Do Suppliers Benefit from Information Technology Use in Supply Chain Relationships?, *MIS Quarterly*, pp 45-73, 2004.

[9] Steve Whittaker, Talking to Strangers: An Evaluation of the Factors Affecting Electronic Collaboration, *Proceedings of the Proceedings of the 1996 ACM conference on Computer supported cooperative work*, 1996. ACM.

[10] Meng Ma and Ritu Agarwal, Through a Glass Darkly: Information Technology Design, Identity Verification, and Knowledge Contribution in Online Communities, *Information Systems Research*, 18 (1), pp 42-67, 2007.

[11] Kathy N Shen and Mohamed Khalifa, Design for Social Presence in Online Communities: A Multidimensional Approach, *AIS Transactions on Human-Computer Interaction*, 1 (2), pp 33-54, 2009.

[12] Bibb Latané, The Psychology of Social Impact, *American Psychologist*, 36 (4), p 343, 1981.

[13] Nanda Kumar and Izak Benbasat, Para-Social Presence and Communication Capabilities of a Web Site: A Theoretical Perspective, *E-Service*, 1 (3), pp 5-24, 2002.

[14] Jungmi Oh, Susan S Fiorito, Hira Cho and Charles F Hofacker, Effects of Design Factors on Store Image and Expectation of Merchandise Quality in Web-Based Stores, *Journal of Retailing and Consumer Services*, 15 (4), pp 237-249, 2008.

[15] Liz C Wang, Julie Baker, Judy A Wagner and Kirk Wakefield, Can a Retail Web Site Be Social?, *Journal of Marketing*, 71 (3), pp 143-157, 2007.

[16] Bernad Batinic and Anja S Göritz, How Does Social Psychology Deal

with New Media?, *Hogrefe & Huber Publishers*, 2009.

[17] Kathy Ning Shen and Mohamed Khalifa, Exploring Multidimensional Conceptualization of Social Presence in the Context of Online Communities, *International Journal of Human-Computer Interaction*, 24 (7), pp 722-748, 2008.

[18] Howard Rheingold, The Virtual Community: Finding Commection in a Computerized World, Addison-Wesley Longman Publishing Co. , Inc. , 1993.

[19] John Hagel, Net Gain: Expanding Markets through Virtual Communities, *Journal of Interactive Marketing*, 13 (1), pp 55-65, 1999.

[20] Quentin Jones and Sheizaf Rafaeli, Time to Split, Virtually: "Discourse Architecture" and "community Building" create Vibrant Virtual Publics, *Electronic Markets*, 10 (4), pp 214-223, 2000.

[21] C Romm and Rj Clarke, Virtual Community Research Themes: A Preliminary Draft for a Comprehensive Model, *Proceedings of the 6th Australasian Conference On Information Systems*, 1995.

[22] Sumeet Gupta and Hee-Woong Kim, Developing the Commitment to Virtual Community: The Balanced Effects of Cognition and Affect, *Information Resources Management Journal (IRMJ)*, 20 (1), pp 28-45, 2006.

[23] Arthur Armstrong and John Hagel, The Real Value of Online Communities, Knowledge and Communities, Elsevier, 2000.

[24] Mathias Klang and Stefan Olsson, Commercializing Online Communities: From Communities to Commerce. *Proceedings of the Proceedings of the 2nd International Conference IeC, Manchester, United Kingdom*, 1999. Citeseer.

[25] Catherine M Ridings and David Gefen, Virtual Community Attraction: Why People Hang out Online, *Journal of Computer-mediated Communication*, 10 (1), pp7-44, 2003.

[26] Sandeep Krishnamurthy, A Managerial Overview of Open Source Soft-

ware, *Business Horizons*, 46 (5), pp 47-47, 2003.

[27] Johannes Hummel and Ulrike Lechner, Social Profiles of Virtual Communities, *Proceedings of the hicss*, 2002. IEEE.

[28] Kathy Shen, Mohamed Khalifa and Angela Yu, Supporting Social Interaction in Virtual Communities: Role of Social Presence, *Proceedings of the Americas Conference on Information Systems (AMCIS)*, 2006.

[29] Fjm Van Varik and Herre Van Oostendorp, Enhancing Online Community Activity: Development and Validation of the Ca Framework, *Journal of Computer-Mediated Communication*, 18 (4), pp 454-475, 2013.

[30] Jenny Preece, Blair Nonnecke and Dorine Andrews, The Top Five Reasons for Lurking: Improving Community Experiences for Everyone, *Computers in Human Behavior*, 20 (2), pp 201-223, 2004.

[31] Joseph B Walther and Shawn Boyd. Attraction to Computer-Mediated Social Support//LIN C A, ATKIN D J. Communication Technology and Society: Audience Adoption and Uses. Cresskill, NJ; Hampton Press, 2002.

[32] Jenny Preece and Diane Maloney-Krichmar, Online Communities: Design, Theory, and Practice, *Journal of Computer-Mediated Communication*, 10 (4), pp 7-14, 2005.

[33] 毛波, 尤雯雯. 虚拟社区成员分类模型. 清华大学学报（自然科学版）, (z1), pp 1069-1073, 2006.

[34] 薛可, 陈晞. Bbs 中的"舆论领袖"影响力传播模型研究, 新闻大学, 4, pp 87-93, 2010.

[35] 徐小龙, 黄丹. 消费者在虚拟社区中的互动行为分析——以天涯社区的"手机数码"论坛为例, 营销科学学报, 6 (2), p 42, 2010.

[36] Kang Zhao, Greta E Greer, John Yen, Prasenjit Mitra and Kenneth Portier, Leader Identification in an Online Health Community for Cancer

Survivors: A Social Network – Based Classification Approach, *Information Systems and e-Business Management*, 13 (4), pp 629-645, 2015.

[37] Minu Ipe, Knowledge Sharing in Organizations: A Conceptual Framework, *Human Resource Development Review*, 2 (4), pp 337-359, 2003.

[38] Mark Sharratt and Abel Usoro, Understanding Knowledge-Sharing in Online Communities of Practice, *Electronic Journal on Knowledge Management*, 1 (2), pp 187-196, 2003.

[39] Myrna Gilbert and Martyn Cordey-Hayes, Understanding the Process of Knowledge Transfer to Achieve Successful Technological Innovation, *Technovation*, 16 (6), pp 301-312, 1996.

[40] Yongqiang Sun, Yulin Fang and Kai H Lim, Understanding Sustained Participation in Transactional Virtual Communities, *Decision Support Systems*, 53 (1), pp 12-22, 2012.

[41] Chen Zhang, Jungpil Hahn and Prabuddha De, Research Note—Continued Participation in Online Innovation Communities: Does Community Response Matter Equally for Everyone?, *Information Systems Research*, 24 (4), pp 1112-1130, 2013.

[42] Utpal M Dholakia, Richard P Bagozzi and Lisa Klein Pearo, A Social Influence Model of Consumer Participation in Network-and Small-Group-Based Virtual Communities, *International Journal of Research in Marketing*, 21 (3), pp 241-263, 2004.

[43] Amrit Tiwana and Ashley A Bush, Continuance in Expertise – Sharing Networks: A Social Perspective, *IEEE Transactions on Engineering Management*, 52 (1), pp 85-101, 2005.

[44] Elisabeth Joyce and Robert E Kraut, Predicting Continued Participation in Newsgroups, *Journal of Computer-Mediated Communication*, 11 (3), pp 723-

747, 2006.

[45] Brian Butler, Lee Sproull, Sara Kiesler and Robert Kraut. Community Effort in Online Groups: Who Does the Work and Why. Leadership at a Distance: Research in Technologically Supported Work, New York: Taylor & Francis Group. 2002.

[46] Irene YL Chen, The Factors Influencing Members' Continuance Intentions in Professional Virtual Communities—A Longitudinal Study, *Journal of Information Science*, 33 (4), pp 451-467, 2007.

[47] Chorng-Guang Wu, James H Gerlach and Clifford E Young, An Empirical Analysis of Open Source Software Developers' Motivations and Continuance Intentions, *Information & Management*, 44 (3), pp 253-262, 2007.

[48] Steven L Johnson. Impact of Leadership on Continued Participation in Online Groups. College Park: University of Maryland, 2008.

[49] Yulin Fang and Derrick Neufeld, Understanding Sustained Participation in Open Source Software Projects, *Journal of Management Information Systems*, 25 (4), pp 9-50, 2009.

[50] Patrick J Bateman, Peter H Gray and Brian S Butler, Research Note—the Impact of Community Commitment on Participation in Online Communities, *Information Systems Research*, 22 (4), pp 841-854, 2011.

[51] Zhimin Zhou, Jane Peihsun Wu, Qiyuan Zhang and Shen Xu, Transforming Visitors into Members in Online Brand Communities: Evidence from China, *Journal of Business Research*, 66 (12), pp 2438-2443, 2013.

[52] Wonseok Oh, Jae Yun Moon, Jungpil Hahn and Taekyung Kim, Research Note—Leader Influence on Sustained Participation in Online Collaborative Work Communities: A Simulation-Based Approach, *Information Systems Research*, 27 (2), pp 383-402, 2016.

[53] 原欣伟, 窦天苗, 李延, 李雨萌. 在线用户社区成员持续参与意愿

的影响因素研究——基于"认知—情感—意动"理论视角，现代情报，5，p7，2018.

［54］Jean Lave，Etienne Wenger and Etienne Wenger. Situated Learning：Legitimate Peripheral Participation. Cambridge：Cambridge University Press，1991.

［55］Cliff Lampe，Rick Wash，Alcides Velasquez and Elif Ozkaya. Motivations to Participate in Online Communities. Proceedings of the SIGCHI conference on Human factors in computing systems. Atlanta，Georgia，USA，2010. ACM.

［56］Hsiu-Fen Lin and Gwo-Guang Lee，Determinants of Success for Online Communities：An Empirical Study，*Behaviour & Information Technology*，25（6），pp 479-488，2006.

［57］梁文玲，杨文举. 虚拟品牌社区信息质量对社区用户持续参与意愿的影响研究，情报杂志，35（11），pp 195-201，2016.

［58］金晓玲，汤振亚，周中允，燕京宏和熊励，用户为什么在问答社区中持续贡献知识——积分等级的调节作用，管理评论，25（12），pp 138-146，2013.

［59］贺爱忠，李雪. 在线品牌社区成员持续参与行为形成的动机演变机制研究. 管理学报，12（5），pp 733，2015.

［60］万莉，程慧平. 基于自我决定理论的虚拟知识社区用户持续知识贡献行为动机研究. 情报科学，34（10），pp 15-19，2016.

［61］李力. 虚拟社区用户持续知识搜寻与持续知识贡献意愿关系研究. 图书馆杂志，36（2），pp 20-28，2017.

［62］刘怡均. 移动学术社区用户持续参与行为的影响机制研究. 情报探索，1（12），p 1，2022.

［63］陆泉，梁悉羿，沈雨田，陈静. 在线慢病社区中社会支持对用户持续参与的影响研究. 图书情报知识，39（5），pp 120-130，2022.

［64］李丹妮，黄静. 虚拟品牌社区中回帖信息质量对求助者后续社区参

与行为的影响. 科学决策,（7）, pp 88-102, 2020.

［65］廖俊云, 林晓欣, 卫海英. 虚拟品牌社区价值如何影响消费者持续参与: 品牌知识的调节作用. 南开管理评论, 22（6）, pp 16-26, 2019.

［66］赵文军, 易明, 王学东. 社交问答平台用户持续参与意愿的实证研究——感知价值的视角. 情报科学, 35（2）, pp 69-74, 2017.

［67］张薇薇, 蒋雪. 在线健康社区用户持续参与动机的演变机理研究. 管理学报, 17（8）, p 1245, 2020.

［68］姚志臻, 张斌. 激励机制下在线健康社区用户参与行为演化博弈分析. 情报科学, 39（8）, pp 149-155, 2021.

［69］Oded Nov, Mor Naaman and Chen Ye, Analysis of Participation in an Online Photo-Sharing Community: A Multidimensional Perspective, *Journal of the American Society for Information Science and Technology*, 61（3）, pp 555-566, 2010.

［70］Soumya Ray, Sung S Kim and James G Morris, The Central Role of Engagement in Online Communities, *Information Systems Research*, 25（3）, pp 528-546, 2014.

［71］Alexander Benlian and Thomas Hess, The Signaling Role of It Features in Influencing Trust and Participation in Online Communities, *International Journal of Electronic Commerce*, 15（4）, pp 7-56, 2011.

［72］Rowena Cullen and Sarah Morse, Who's Contributing: Do Personality Traits Influence the Level and Type of Participation in Online Communities. *Proceedings of the* 2011 44th *Hawaii International Conference on System Sciences*（*HICSS*）, Kauai, HI, USA, 4-7 January, 2011. IEEE.

［73］Luis V Casaló, Carlos Flavián and Miguel Guinalíu, Determinants of the Intention to Participate in Firm-Hosted Online Travel Communities and Effects on Consumer Behavioral Intentions, *Tourism Management*, 31（6）, pp 898-

911, 2010.

[74] Hsiuju Rebecca Yen, Sheila Hsuan-Yu Hsu and Chun-Yao Huang, Good Soldiers on the Web: Understanding the Drivers of Participation in Online Communities of Consumption, *International Journal of Electronic Commerce*, 15 (4), pp 89-120, 2011.

[75] Sandeep Krishnamurthy and Wenyu Dou, Note from Special Issue Editors: Advertising with User-Generated Content: A Framework and Research Agenda, *Journal of Interactive Advertising*, 8 (2), pp 1-4, 2008.

[76] Paolo Casoto, Antonina Dattolo, Felice Ferrara, N Pudota, P Omero and Carlo Tasso, Generating and Sharing Personal Information Spaces, *Proceedings of the Workshop on Adaptation for the Social Web*, 29 July-1 August, 2008.

[77] Xavier Ochoa and Erik Duval, Use of Contextualized Attention Metadata for Ranking and Recommending Learning Objects, *Proceedings of the Proceedings of the 1st international workshop on Contextualized attention metadata: collecting, managing and exploiting of rich usage information*, Arlington, Virginia, US, 10-11 November, 2006. ACM.

[78] Terry Daugherty, Matthew S Eastin and Laura Bright, Exploring Consumer Motivations for Creating User-Generated Content, *Journal of Interactive Advertising*, 8 (2), pp 16-25, 2008.

[79] Susan M Mudambi and David Schuff, Research Note: What Makes a Helpful Online Review? A Study of Customer Reviews on Amazon. Com, *MIS Quarterly*, 34 (1), pp 185-200, 2010.

[80] Ruijuan Wu, Jiuqi Chen, Cheng Lu Wang and Liying Zhou, The Influence of Emoji Meaning Multipleness on Perceived Online Review Helpfulness: The Mediating Role of Processing Fluency, *Journal of Business Research*, 141, pp 299-307, 2022.

［81］Carla Ruiz-Mafe, Enrique Bigné-Alcañiz and Rafael Currás-Pérez, The Effect of Emotions, Ewom Quality and Online Review Sequence on Consumer Intention to Follow Advice Obtained from Digital Services, *Journal of Service Management*, 31 (3), pp 465-487, 2020.

［82］Susan F Lu and Huaxia Rui, Can We Trust Online Physician Ratings? Evidence from Cardiac Surgeons in Florida, *Management Science*, 64 (6), pp 2557-2573, 2017.

［83］金燕, 闫婧. 基于用户信誉评级的 UGC 质量预判模型. 情报理论与实践, 39 (3), pp 10-14, 2016.

［84］郝媛媛, 叶强, 李一军. 基于影评数据的在线评论有用性影响因素研究. 管理科学学报, 13 (8), pp 78-88, 2010.

［85］马超, 李纲, 陈思菁, 毛进, 张霁. 基于多模态数据语义融合的旅游在线评论有用性识别研究. 情报学报, 39 (2), pp 199-207, 2020.

［86］Do-Hyung Park, Jumin Lee and Ingoo Han, The Effect of on-Line Consumer Reviews on Consumer Purchasing Intention: The Moderating Role of Involvement, *International Journal of Electronic Commerce*, 11 (4), pp 125-148, 2007.

［87］Michael Trusov, Randolph E Bucklin and Koen Pauwels, Effects of Word-of-Mouth Versus Traditional Marketing: Findings from an Internet Social Networking Site, *Journal of Marketing*, 73 (5), pp 90-102, 2009.

［88］Stephanie Q Liu, Marie Ozanne and Anna S. Mattila, Does Expressing Subjectivity in Online Reviews Enhance Persuasion?, *Journal of Consumer Marketing*, 35 (4), pp 403-413, 2018.

［89］Lu Yan, Xiangbin Yan, Yong Tan and Sherry X Sun, Shared Minds: How Patients Use Collaborative Information Sharing Via Social Media Platforms, *Production and Operations Management*, 4 (1), pp 7-14, 2018.

［90］Mina Tajvidi, Marie-Odile Richard, Yichuan Wang and Nick Hajli, Brand Co-Creation through Social Commerce Information Sharing: The Role of Social Media, *Journal of Business Research*, https: //doi. org/10. 1016/j. jbusres. 2018.

［91］Young-Jin Lee, Kartik Hosanagar and Yong Tan, Do I Follow My Friends or the Crowd? Information Cascades in Online Movie Ratings, *Management Science*, 61 (9), pp 2241-2258, 2015.

［92］翟志倬. UGC 社区用户信息发布行为影响因素研究——以 Keep 为例. 情报探索, 1 (3), p 1, 2022.

［93］秦敏, 李若男. 在线用户社区用户贡献行为形成机制研究: 在线社会支持和自我决定理论视角. 管理评论, 32 (9), pp 168, 2020.

［94］Judith A Chevalier and Dina Mayzlin, The Effect of Word of Mouth on Sales: Online Book Reviews, *Journal of Marketing Research*, 43 (3), pp 345-354, 2006.

［95］Pradeep K Chintagunta, Shyam Gopinath and Sriram Venkataraman, The Effects of Online User Reviews on Movie Box Office Performance: Accounting for Sequential Rollout and Aggregation across Local Markets, *Marketing Science*, 29 (5), pp 944-957, 2010.

［96］Chrysanthos Dellarocas, Xiaoquan Zhang and Neveen F Awad, Exploring the Value of Online Product Reviews in Forecasting Sales: The Case of Motion Pictures, *Journal of Interactive Marketing*, 21 (4), pp 23-45, 2007.

［97］David Godes and Dina Mayzlin, Using Online Conversations to Study Word-of-Mouth Communication, *Marketing Science*, 23 (4), pp 545-560, 2004.

［98］Qianqian Ben Liu, Elena Karahanna and Richard T Watson, Unveiling User-Generated Content: Designing Websites to Best Present Customer Reviews, *Business Horizons*, 54 (3), pp 231-240, 2011.

［99］Waqar Nadeem, Amir H Khani, Carsten D Schultz, Nawal Abdalla Adam, Razaz Waheeb Attar and Nick Hajli, How Social Presence Drives Commitment and Loyalty with Online Brand Communities? The Role of Social Commerce Trust, *Journal of Retailing and Consumer Services*, 55, pp 7-14, 2020.

［100］Karel Kreijns, Kate Xu and Joshua Weidlich, Social Presence: Conceptualization and Measurement, *Educational Psychology Review*, 34 (1), pp 139-170, 2022.

［101］Charlotte N Gunawardena and Frank J Zittle, Social Presence as a Predictor of Satisfaction within a Computer-Mediated Conferencing Environment, *American Journal of Distance Education*, 11 (3), pp 8-26, 1997.

［102］Wijnand Ijsselsteijn, Huib De Ridder, Jonathan Freeman, Steve E Avons and Don Bouwhuis, Effects of Stereoscopic Presentation, Image Motion, and Screen Size on Subjective and Objective Corroborative Measures of Presence, *Presence: Teleoperators & Virtual Environments*, 10 (3), pp 298-311, 2001.

［103］Joseph B Walther, Computer-Mediated Communication: Impersonal, Interpersonal, and Hyperpersonal Interaction, *Communication Research*, 23 (1), pp 3-43, 1996.

［104］David R Fortin and Ruby Roy Dholakia, Interactivity and Vividness Effects on Social Presence and Involvement with a Web-Based Advertisement, *Journal of Business Research*, 58 (3), pp 387-396, 2005.

［105］Jungjoo Kim, Yangyi Kwon and Daeyeon Cho, Investigating Factors That Influence Social Presence and Learning Outcomes in Distance Higher Education, *Computers & Education*, 57 (2), pp 1512-1520, 2011.

［106］Stephanie A Andel, Triparna De Vreede, Paul E Spector, Balaji Padmanabhan, Vivek K Singh and Gert-Jan De Vreede, Do Social Features Help in Video-Centric Online Learning Platforms? A Social Presence Perspective, *Comput-*

ers in Human Behavior, 113, pp7-14, 2020.

[107] David Gefen and Detmar Straub, Managing User Trust in B2c E-Services, *e-Service*, 2 (2), pp 7-24, 2003.

[108] Khaled Hassanein and Milena Head, The Impact of Infusing Social Presence in the Web Interface: An Investigation across Product Types, *International Journal of Electronic Commerce*, 10 (2), pp 31-55, 2005.

[109] Nanda Kumar and Izak Benbasat, Research Note: The Influence of Recommendations and Consumer Reviews on Evaluations of Websites, *Information Systems Research*, 17 (4), pp 425-439, 2006.

[110] Sehee Han, Jinyoung Min and Heeseok Lee, Antecedents of Social Presence and Gratification of Social Connection Needs in Sns: A Study of Twitter Users and Their Mobile and Non-Mobile Usage, *International Journal of Information Management*, 35 (4), pp 459-471, 2015.

[111] Youngjin Yoo and Maryam Alavi, Media and Group Cohesion: Relative Influences on Social Presence, Task Participation, and Group Consensus, *MIS Quarterly*, pp 371-390, 2001.

[112] Wan-Hsiu Sunny Tsai, Yu Liu and Ching-Hua Chuan, How Chatbots' Social Presence Communication Enhances Consumer Engagement: The Mediating Role of Parasocial Interaction and Dialogue, *Journal of Research in Interactive Marketing*, 15 (3), pp 460-482, 2021.

[113] Isabelle Boutet, Megan Leblanc, Justin A Chamberland and Charles A Collin, Emojis Influence Emotional Communication, Social Attributions, and Information Processing, *Computers in Human Behavior*, 119, pp 4-14, 2021.

[114] Herbert H Clark, Linguistic Processes in Deductive Reasoning, *Psychological review*, 76 (4), pp 7-14, 1969.

[115] Vinod Goel, Brian Gold, Shitij Kapur and Sylvain Houle, The Seats of

Reason? An Imaging Study of Deductive and Inductive Reasoning, *NeuroReport*, 8 (5), pp 1305-1310, 1997.

[116] Janice Rattray and Martyn C Jones, Essential Elements of Questionnaire Design and Development, *Journal of Clinical Nursing*, 16 (2), pp 234 - 243, 2007.

[117] Bert Weijters and Hans Baumgartner, Misresponse to Reversed and Negated Items in Surveys: A Review, *Journal of Marketing Research*, 49 (5), pp 737-747, 2012.

[118] Laith Alrubaiee and Nahla Al-Nazer, Investigate the Impact of Relationship Marketing Orientation on Customer Loyalty: The Customer's Perspective, *International Journal of Marketing Studies*, 2 (1), p 155, 2010.

[119] Shervin Minaee, Nal Kalchbrenner, Erik Cambria, Narjes Nikzad, Meysam Chenaghlu and Jianfeng Gao, Deep Learning—Based Text Classification: A Comprehensive Review, *ACM Computing Surveys (CSUR)*, 54 (3), pp 1 - 40, 2021.

[120] Wesley M Cohen, Fifty Years of Empirical Studies of Innovative Activity and Performance, *Handbook of the Economics of Innovation*, 1, pp 129-213, 2010.

[121] 陈晓萍. 组织与管理研究的实证方法. 北京: 北京大学出版社, 2008.

[122] Xiaoquan Michael Zhang and Feng Zhu, Group Size and Incentives to Contribute: A Natural Experiment at Chinese Wikipedia, *American Economic Review*, 101 (4), pp 1601-1615, 2011.

[123] John Short, Ederyn Williams and Bruce Christie. The Social Psychology of Telecommunications. Hoboken, NJ: John Wiley & Sons, Ltd, 1976.

[124] Patrick R Lowenthal. The Evolution and Influence of Social Presence Theory on Online Learning. Online Education and Adult Learning: New Frontiers for

Teaching Practices. IGI Global, pp 124-139, 2010.

[125] Randy Garrison, Theoretical Challenges for Distance Education in the 21st Century: A Shift from Structural to Transactional Issues, *The International Review of Research in Open and Distributed Learning*, 1 (1), pp 1-17, 2000.

[126] Anthony G Picciano, Beyond Student Perceptions: Issues of Interaction, Presence, and Performance in an Online Course, *Journal of Asynchronous Learning Networks*, 6 (1), pp 21-40, 2002.

[127] Paul Rogers and Martin Lea, Social Presence in Distributed Group Environments: The Role of Social Identity, *Behaviour & Information Technology*, 24 (2), pp 151-158, 2005.

[128] 蔡佩. 电子布告栏使用行为与社会临场感研究: 以台大计中 Bbs 为例. 新竹: 台湾国立交通大学, 1995.

[129] Frank Biocca, Chad Harms and Jenn Gregg, The Networked Minds Measure of Social Presence: Pilot Test of the Factor Structure and Concurrent Validity. *Proceedings of the 4th Annual International Workshop on Presence*, *Philadelphia*, *PA*, 2001.

[130] Joseph B Walther and Judee K Burgoon, Relational Communication in Computer-Mediated Interaction, *Human Communication Research*, 19 (1), pp 50-88, 1992.

[131] Carrie Heeter, Being There: The Subjective Experience of Presence, *Presence: Teleoperators & Virtual Environments*, 1 (2), pp 262-271, 1992.

[132] Frank Biocca, Chad Harms and Judee K Burgoon, Toward a More Robust Theory and Measure of Social Presence: Review and Suggested Criteria, *Presence: Teleoperators & Virtual Environments*, 12 (5), pp 456-480, 2003.

[133] Liam Rourke, Terry Anderson, D Randy Garrison and Walter Archer, Assessing Social Presence in Asynchronous Text-Based Computer Conferencing,

Journal of Distance Education, 14 (2), pp 50–71, 2001.

[134] Daniel Västfjäll, The Subjective Sense of Presence, Emotion Recognition, and Experienced Emotions in Auditory Virtual Environments, *Cyber Psychology & Behavior*, 6 (2), pp 181–188, 2003.

[135] Frank Biocca and Chad Harms, Defining and Measuring Social Presence: Contribution to the Networked Minds Theory and Measure, *Proceedings of the Proceedings of PRESENCE*, 2002.

[136] G Riva, G Castelnuovo, A Gaggioli and F Mantovani, Towards a Cultural Approach to Presence, *Proceedings of the Proceedings of the Fifth Annual International Workshop PRESENCE*, 2002.

[137] Morton Deutsch, Trust and Suspicion, *Journal of Conflict Resolution*, 2 (4), pp 265–279, 1958.

[138] D Harrison McKnight, Vivek Choudhury and Charles Kacmar, Developing and Validating Trust Measures for E–Commerce: An Integrative Typology, *Information Systems Research*, 13 (3), pp 334–359, 2002.

[139] Anil Menon, Sundar G Bharadwaj, Phani Tej Adidam and Steven W Edison, Antecedents and Consequences of Marketing Strategy Making: A Model and a Test, *The Journal of Marketing*, pp 18–40, 1999.

[140] Mihaly Csikszentmihalyi and Isabella Csikszentmihalyi. Beyond Boredom and Anxiety San Francisco: Jossey–Bass, 1975.

[141] Christina M Finneran and Ping Zhang, A Person–Artefact–Task (Pat) Model of Flow Antecedents in Computer–Mediated Environments, *International Journal of Human–Computer Studies*, 59 (4), pp 475–496, 2003.

[142] Jane Webster, Linda Klebe Trevino and Lisa Ryan, The Dimensionality and Correlates of Flow in Human–Computer Interactions, *Computers in Human Behavior*, 9 (4), pp 411–426, 1993.

[143] Jawaid A Ghani, Roberta Supnick and Pamela Rooney, The Experience of Flow in Computer-Mediated and in Face-to-Face Groups, *Proceedings of the ICIS*, 1991.

[144] Marios Koufaris, Applying the Technology Acceptance Model and Flow Theory to Online Consumer Behavior, *Information Systems Research*, 13 (2), pp 205-223, 2002.

[145] Chin-Lung Hsu and Hsi-Peng Lu, Why Do People Play on-Line Games? An Extended Tam with Social Influences and Flow Experience, *Information & Management*, 41 (7), pp 853-868, 2004.

[146] Sertan Kabadayi and Reetika Gupta, Website Loyalty: An Empirical Investigation of Its Antecedents, *International Journal of Internet Marketing and Advertising*, 2 (4), pp 321-345, 2005.

[147] Kai Wang, Determinants of Mobile Value-Added Service Continuance: The Mediating Role of Service Experience, *Information & Management*, 52 (3), pp 261-274, 2015.

[148] Chiao-Chen Chang, Examining Users' Intention to Continue Using Social Network Games: A Flow Experience Perspective, *Telematics and Informatics*, 30 (4), pp 311-321, 2013.

[149] Ya Ping Chang and Dong Hong Zhu, The Role of Perceived Social Capital and Flow Experience in Building Users' Continuance Intention to Social Networking Sites in China, *Computers in Human Behavior*, 28 (3), pp 995-1001, 2012.

[150] Norman Triplett, The Dynamogenic Factors in Pacemaking and Competition, *The American Journal of Psychology*, 9 (4), pp 507-533, 1898.

[151] Floyd H Allport, Behavior and Experiment in Social Psychology, *The Journal of Abnormal Psychology*, 14 (5), p 297, 1919.

[152] Robert B Zajonc, Social Facilitation, *Science*, 149 (3681), pp 269-

274, 1965.

[153] Mary Jo Bitner, Servicescapes: The Impact of Physical Surroundings on Customers and Employees, *Journal of Marketing*, 56 (2), pp 57-71, 1992.

[154] Donna L Hoffman and Thomas P Novak, Flow Online: Lessons Learned and Future Prospects, *Journal of Interactive Marketing*, 23 (1), pp 23-34, 2009.

[155] Marie Marquis and Pierre Filiatrault, Understanding Complaining Responses through Consumers' Self-Consciousness Disposition, *Psychology & Marketing*, 19 (3), pp 267-292, 2002.

[156] Donna L Hoffman and Thomas P Novak, Marketing in Hypermedia Computer-Mediated Environments: Conceptual Foundations, *The Journal of Marketing*, pp 50-68, 1996.

[157] Donna L Hoffman, Thomas P Novak and Marcos A Peralta, Information Privacy in the Marketspace: Implications for the Commercial Uses of Anonymity on the Web, *The Information Society*, 15 (2), pp 129-139, 1999.

[158] Andreas Pfitzmann and Marit Köhntopp, Anonymity, Unobservability, and Pseudonymity—A Proposal for Terminology, *Proceedings of the Designing privacy enhancing technologies*, 2001. Springer.

[159] Susan V Scott and Wanda J Orlikowski, Entanglements in Practice: Performing Anonymity through Social Media, *MIS Quarterly*, 38 (3), pp 873-893, 2014.

[160] Xiao-Liang Shen, Kem Zk Zhang and Sesia J Zhao, Understanding Information Adoption in Online Review Communities: The Role of Herd Factors, *Proceedings of the 2014 47th Hawaii International Conference on System Sciences*, 2014. IEEE.

[161] Antti Vilpponen, Susanna Winter and Sanna Sundqvist, Electronic Word-of-Mouth in Online Environments: Exploring Referral Networks Structure and

Adoption Behavior, *Journal of Interactive Advertising*, 6 (2), pp 8-77, 2006.

[162] Christy Mk Cheung, Matthew Ko Lee and Neil Rabjohn, The Impact of Electronic Word-of-Mouth: The Adoption of Online Opinions in Online Customer Communities, *Internet Research*, 18 (3), pp 229-247, 2008.

[163] John C Turner, Some Current Issues in Research on Social Identity and Self-Categorization Theories, *Social Identity: Context, Commitment, Content*, 3 (1), pp 6-34, 1999.

[164] Henri Tajfel and John C Turner. The Social Identity Theory of Intergroup Behavior. Political Psychology. London: Psychology Press, 2004.

[165] Yuping Liu and Lj Shrum, What Is Interactivity and Is It Always Such a Good Thing? Implications of Definition, Person, and Situation for the Influence of Interactivity on Advertising Effectiveness, *Journal of Advertising*, 31 (4), pp 53-64, 2002.

[166] Artemio Ramirez Jr and Shuangyue Zhang, When Online Meets Offline: The Effect of Modality Switching on Relational Communication, *Communication Monographs*, 74 (3), pp 287-310, 2007.

[167] Ross Buck and C Arthur Vanlear, Verbal and Nonverbal Communication: Distinguishing Symbolic, Spontaneous, and Pseudo-Spontaneous Nonverbal Behavior, *Journal of Communication*, 52 (3), pp 522-541, 2002.

[168] James S Uleman, Consciousness and Control: The Case of Spontaneous Trait Inferences, *Personality and Social Psychology Bulletin*, 13 (3), pp 337-354, 1987.

[169] Jean-Philippe Laurenceau, Lisa Feldman Barrett and Paula R Pietromonaco, Intimacy as an Interpersonal Process: The Importance of Self-Disclosure, Partner Disclosure, and Perceived Partner Responsiveness in Interpersonal Exchanges, *Journal of Personality and Social Psychology*, 74 (5), pp 4-

14，1998.

［170］Charlotte N Gunawardena，Social Presence Theory and Implications for Interaction and Collaborative Learning in Computer Conferences，*International Journal of Educational Telecommunications*，1（2），pp 147-166，1995.

［171］Matthew Lombard and Theresa Ditton，At the Heart of It All：The Concept of Presence，*Journal of Computer-Mediated Communication*，3（2），1997.

［172］Ronald E Rice，Media Appropriateness：Using Social Presence Theory to Compare Traditional and New Organizational Media，*Human Communication Research*，19（4），pp 451-484，1993.

［173］Lingyun Qiu and Izak Benbasat，An Investigation into the Effects of Text-to-Speech Voice and 3d Avatars on the Perception of Presence and Flow of Live Help in Electronic Commerce，*ACM Transactions on Computer-Human Interaction*（*TOCHI*），12（4），pp 329-355，2005.

［174］Kofi Osei-Frimpong and Graeme Mclean，Examining Online Social Brand Engagement：A Social Presence Theory Perspective，*Technological Forecasting and Social Change*，128，pp 10-21，2018.

［175］Alexander Ardichvili，Vaughn Page and Tim Wentling，Motivation and Barriers to Participation in Virtual Knowledge-Sharing Communities of Practice，*Journal of Knowledge Management*，7（1），pp 64-77，2003.

［176］Richard Walter Brislin，Translation and Content Analysis of Oral and Written Materials，*Methodology*，pp 389-444，1980.

［177］Panpan Wang and Qian Huang，Digital Influencers，Social Power and Consumer Engagement in Social Commerce，*Internet Research*，33（1），pp 178-207，2023.

［178］Yuan Sun，Xiang Shao，Xiaotong Li，Yue Guo and Kun Nie，How Live Streaming Influences Purchase Intentions in Social Commerce：An It Affordance

Perspective, *Electronic Commerce Research and Applications*, 37, pp 7-14, 2019.

[179] Adamantios Diamantopoulos and Judy A Siguaw, Formative Versus Reflective Indicators in Organizational Measure Development: A Comparison and Empirical Illustration, *British Journal of Management*, 17 (4), pp 263-282, 2006.

[180] Adamantios Diamantopoulos and Heidi M Winklhofer, Index Construction with Formative Indicators: An Alternative to Scale Development, *Journal of Marketing Research*, 38 (2), pp 269-277, 2001.

[181] Philip M Podsakoff, Scott B Mackenzie, Jeong-Yeon Lee and Nathan P Podsakoff, Common Method Biases in Behavioral Research: A Critical Review of the Literature and Recommended Remedies, *Journal of Applied Psychology*, 88 (5), p 879, 2003.

[182] Larry J Williams, Nathan Hartman and Flavia Cavazotte, Method Variance and Marker Variables: A Review and Comprehensive Cfa Marker Technique, *Organizational Research Methods*, 13 (3), pp 477-514, 2010.

[183] Michael K Lindell and David J Whitney, Accounting for Common Method Variance in Cross-Sectional Research Designs, *Journal of Applied Psychologys*, 86 (1), p 114, 2001.

[184] Juho Hamari, Jonna Koivisto and Harri Sarsa, Does Gamification Work? —A Literature Review of Empirical Studies on Gamification, *Proceedings of the 2014 47th Hawaii International Conference on System Sciences*, 2014. EEE.

[185] Diane J Skiba, Web 2.0: Next Great Thing or Just Marketing Hype?, *Nursing Education Perspectives*, 27 (4), pp 212-214, 2006.

[186] Jenny Preece, Sociability and Usability in Online Communities: Determining and Measuring Success, *Behaviour & Information Technology*, 20 (5), pp 347-356, 2001.

[187] Christy Mk Cheung and Matthew Ko Lee, Understanding the Sustain-

ability of a Virtual Community: Model Development and Empirical Test, *Journal of Information Science*, 35 (3), pp 279-298, 2009.

[188] Joon Koh, Young-Gul Kim, Brian Butler and Gee-Woo Bock, Encouraging Participation in Virtual Communities, *Communications of the ACM*, 50 (2), pp 68-73, 2007.

[189] Dan J Kim, Mark Salvacion, Mohammad Salehan and Dae Wan Kim, An Empirical Study of Community Cohesiveness, Community Attachment, and Their Roles in Virtual Community Participation, *European Journal of Information Systems*, 32 (3), pp 573-600, 2023.

[190] Anita L Blanchard and M Lynne Markus, The Experienced "Sense" of a Virtual Community: Characteristics and Processes, *ACM Sigmis Database: the Database for Advances in Information Systems*, 35 (1), pp 64-79, 2004.

[191] RenéAlgesheimer, Utpal M Dholakia and Andreas Herrmann, The Social Influence of Brand Community: Evidence from European Car Clubs, *Journal of Marketing*, 69 (3), pp 19-34, 2005.

[192] Anita L Blanchard and M Lynne Markus, The Experienced Sense of a Virtual Community: Characteristics and Processes, *ACM SIGMIS Database: the Database for Advances in Information Systems*, 35 (1), pp 64-79, 2004.

[193] Stephanie Watts Sussman and Wendy Schneier Siegal, Informational Influence in Organizations: An Integrated Approach to Knowledge Adoption, *Information Systems Research*, 14 (1), pp 47-65, 2003.

[194] Frederic Stutzman, An Evaluation of Identity-Sharing Behavior in Social Network Communities, *Journal of the International Digital Media and Arts Association*, 3 (1), pp 10-18, 2006.

[195] Jaebong Son, Hyung Koo Lee, Sung Jin and Jintae Lee, Content Features of Tweets for Effective Communication During Disasters: A Media Synchronicity

Theory Perspective, *International Journal of Information Management*, 45, pp 56-68, 2019.

［196］方杰，温忠麟，张敏强，孙配贞，基于结构方程模型的多重中介效应分析，心理科学，37（3），pp 735-741，2014.

［197］Kristopher J Preacher and Andrew F Hayes, Asymptotic and Resampling Strategies for Assessing and Comparing Indirect Effects in Multiple Mediator Models, *Behavior Research Methods*, 40（3）, pp 879-891, 2008.

［198］Omer Farooq, Marielle Payaud, Dwight Merunka and Pierre Valette-Florence, The Impact of Corporate Social Responsibility on Organizational Commitment: Exploring Multiple Mediation Mechanisms, *Journal of Business Ethics*, 125, pp 563-580, 2014.

［199］Tyler Vanderweele and Stijn Vansteelandt, Mediation Analysis with Multiple Mediators, *Epidemiologic Methods*, 2（1）, pp 95-115, 2014.

［200］张洪，等. 社会化商务环境下消费者参与意向研究：基于体验的视角. 管理工程学报，31（2），pp 40-46，2017.

［201］Sehee Han, Jinyoung Min and Heeseok Lee, Building Relationships within Corporate Sns Accounts through Social Presence Formation, *International Journal of Information Management*, 36（6）, pp 945-962, 2016.

［202］代宝，刘业政，基于期望确认模型、社会临场感和心流体验的微信用户持续使用意愿研究. 现代情报，35（3），pp 19-23，2015.

［203］胡勇. 在线学习过程中的社会临场感与不同网络学习效果之间的关系初探. 电化教育研究，34（2），pp 47-51，2013.

［204］Solomon O Ogara, Chang E Koh and Victor R Prybutok, Investigating Factors Affecting Social Presence and User Satisfaction with Mobile Instant Messaging, *Computers in Human Behavior*, 36, pp 453-459, 2014.

［205］Hui Lin, Weiguo Fan and Patrick Yk Chau, Determinants of Users'

Continuance of Social Networking Sites: A Self-Regulation Perspective, *Information & Management*, 51 (5), pp 595-603, 2014.

[206] Andrzej Ogonowski, Andrew Montandon, Elsamari Botha and Mignon Reyneke, Should New Online Stores Invest in Social Presence Elements? The Effect of Social Presence on Initial Trust Formation, *Journal of Retailing and Consumer Services*, 21 (4), pp 482-491, 2014.

[207] Daren C Brabham, Crowdsourcing as a Model for Problem Solving: An Introduction and Cases, *Convergence*, 14 (1), pp 75-90, 2008.

[208] Animesh Animesh, Alain Pinsonneault, Sung-Byung Yang and Wonseok Oh, An Odyssey into Virtual Worlds: Exploring the Impacts of Technological and Spatial Environments on Intention to Purchase Virtual Products, *MIS Quarterly*, pp 789-810, 2011.

[209] Hyun Jung Oh, Junghwan Kim, Jeongheon Jc Chang, Nohil Park and Sangrock Lee, Social Benefits of Living in the Metaverse: The Relationships among Social Presence, Supportive Interaction, Social Self - Efficacy, and Feelings of Loneliness, *Computers in Human Behavior*, 139, pp7-13, 2023.

[210] Zhenwu You, Meng Wang and Yangjin Shamu, The Impact of Network Social Presence on Live Streaming Viewers' Social Support Willingness: A Moderated Mediation Model, *Humanities and Social Sciences Communications*, 10 (1), pp 1-14, 2023.

[211] Wilfried Admiraal, Jantina Huizenga, Sanne Akkerman and Geert Ten Dam, The Concept of Flow in Collaborative Game-Based Learning, *Computers in Human Behavior*, 27 (3), pp 1185-1194, 2011.

[212] Salvatore Parise and Patricia J Guinan, Marketing Using Web 2.0, *Proceedings of the Proceedings of the 41st Annual Hawaii International Conference on System Sciences*, Waikoloa, HI, USA, 7-10 January, 2008.

[213] Catherine M Ridings, David Gefen and Bay Arinze, Some Antecedents and Effects of Trust in Virtual Communities, *The Journal of Strategic Information Systems*, 11 (3-4), pp 271-295, 2002.

[214] Jacob Weisberg, Dov Te'eni and Limor Arman, Past Purchase and Intention to Purchase in E-Commerce, *Internet Research*, 21 (1), pp 82-96, 2011.

[215] Anol Bhattacherjee, Understanding Information Systems Continuance: An Expectation-Confirmation Model, *MIS Quarterly*, pp 351-370, 2001.

[216] Martin Fishbein and Icek Ajzen. Belief, Attitude, Intention and Behavior: An Introduction to Theory and Research, Tournal of Business and Psychology, 1, pp 7-14, 1975.

[217] Hamed Taherdoost, Validity and Reliability of the Research Instrument: How to Test the Validation of a Questionnaire/Survey in a Research, *How to test the validation of a questionnaire/survey in a research*, 10 *August*, 2016.

[218] Roberta Heale and Alison Twycross, Validity and Reliability in Quantitative Studies, *Evidence-based Nursing*, 18 (3), pp 66-67, 2015.

[219] Wynne W Chin, Jason Bennett Thatcher and Ryan T Wright, Assessing Common Method Bias: Problems with the Ulmc Technique, *MIS Quarterly*, pp 1003-1019, 2012.

[220] James M Conway and Charles E Lance, What Reviewers Should Expect from Authors Regarding Common Method Bias in Organizational Research, *Journal of Business and Psychology*, 25, pp 325-334, 2010.

[221] Rameshwar Dubey, Angappa Gunasekaran, Stephen J Childe, Samuel Fosso Wamba, David Roubaud and Cyril Foropon, Empirical Investigation of Data Analytics Capability and Organizational Flexibility as Complements to Supply Chain Resilience, *International Journal of Production Research*, 59 (1), pp 110-

128, 2021.

[222] Andrew J Flanagin and Miriam J Metzger, Internet Use in the Contemporary Media Environment, *Human Communication Research*, 27 (1), pp 153–181, 2001.

[223] Lisa M Marco-Bujosa, Lois Joy and Rachel Sorrentino, Nevertheless, She Persisted: A Comparison of Male and Female Experiences in Community College Stem Programs, *Community College Journal of Research and Practice*, 45 (8), pp 541–559, 2021.

[224] Molly Mclure Wasko and Robin Teigland, Public Goods or Virtual Commons? Applying Theories of Public Goods, Social Dilemmas, and Collective Action to Electronic Networks of Practice, *Journal of Information Technology Theory and Application (JITTA)*, 6 (1), p 4, 2004.

[225] Christy Mk Cheung, Matthew Ko Lee and Zach Wy Lee, Understanding the Continuance Intention of Knowledge Sharing in Online Communities of Practice through the Post-Knowledge-Sharing Evaluation Processes, *Journal of the American Society for Information Science and Technology*, 64 (7), pp 1357–1374, 2013.

[226] Chun-Ming Chang and Meng-Hsiang Hsu, Understanding the Determinants of Users' Subjective Well-Being in Social Networking Sites: An Integration of Social Capital Theory and Social Presence Theory, *Behaviour & Information Technology*, 35 (9), pp 720–729, 2016.

[227] Ni Huang, Yili Hong and Gordon Burtch, Social Network Integration and User Content Generation: Evidence from Natural Experiments, *MIS Quarterly*, 41 (4), pp 1035–1058, 2017.

[228] Pascal Huguet, Marie P Galvaing, Jean M Monteil and Florence Dumas, Social Presence Effects in the Stroop Task: Further Evidence for an Attentional View of Social Facilitation, *Journal of Personality and Social Psychology*, 77 (5),

p 1011, 1999.

[229] Huseyin Cavusoglu, Zhuolun Li and Seung Hyun Kim, How Do Virtual Badges Incentivize Voluntary Contributions to Online Communities?, *Information & Management*, 58 (5), pp7-14, 2021.

[230] Youngsoo Shin, Bumho Lee and Jinwoo Kim, Prosocial Activists in Sns: The Impact of Isomorphism and Social Presence on Prosocial Behaviors, *International Journal of Human-Computer Interaction*, 31 (12), pp 939-958, 2015.

[231] Sara Hanson, Lan Jiang and Darren Dahl, Enhancing Consumer Engagement in an Online Brand Community Via User Reputation Signals: A Multi-Method Analysis, *Journal of the Academy of Marketing Science*, 47, pp 349-367, 2019.

[232] Ji Hee Song and George M Zinkhan, Determinants of Perceived Web Site Interactivity, *Journal of Marketing*, 72 (2), pp 99-113, 2008.

[233] Emily E Tanner-Smith and Elizabeth Tipton, Robust Variance Estimation with Dependent Effect Sizes: Practical Considerations Including a Software Tutorial in Stata and Spss, *Research Synthesis Methods*, 5 (1), pp 13-30, 2014.

[234] Qianqian Ben Liu, Xiaoxiao Liu and Xitong Guo, The Effects of Participating in a Physician-Driven Online Health Community in Managing Chronic Disease: Evidence from Two Natural Experiments, *MIS Quarterly*, 44 (1), 2020.

[235] Xiahua Wei, Wei Chen and Kevin Zhu, Motivating User Contributions in Online Knowledge Communities: Virtual Rewards and Reputation. *Proceedings of the 2015 48th Hawaii International Conference on System Sciences (HICSS)*, Kauai, HI, USA, 5-8 January, 2015. IEEE Computer Society.

[236] Bernardo A Huberman, Eytan Adar and Leslie R Fine, Valuating Privacy, *IEEE Security & Privacy*, 3 (5), pp 22-25, 2005.

[237] Gordon Burtch, Anindya Ghose and Sunil Wattal, The Hidden Cost of

Accommodating Crowdfunder Privacy Preferences: A Randomized Field Experiment, *Management Science*, 61 (5), pp 949-962, 2015.

[238] Leslie K John, Alessandro Acquisti and George Loewenstein. The Best of Strangers: Context Dependent Willingness to Divulge Personal Information. https://papers. ssrn. com/sol3/papers. cfm? abstract_id=1430482. 2009.

[239] John Suler, The Online Disinhibition Effect, *Cyberpsychology & Behavior*, 7 (3), pp 321-326, 2004.

[240] Thomas Gilovich, Dale Griffin and Daniel Kahneman. Heuristics and Biases: The Psychology of Intuitive Judgment. Cambridge University Press, 2002.

[241] Baba Shiv and Alexander Fedorikhin, Heart and Mind in Conflict: The Interplay of Affect and Cognition in Consumer Decision Making, *Journal of Consumer Research*, 26 (3), pp 278-292, 1999.

[242] Benedetto De Martino, Dharshan Kumaran, Ben Seymour and Raymond J Dolan, Frames, Biases, and Rational Decision – Making in the Human Brain, *Science*, 313 (5787), pp 684-687, 2006.

[243] Daniel Kahneman and Patrick Egan. Thinking, Fast and Slow. New York: Farrar, Straus and Giroux, 2011.

[244] John P Davis, Shelly Farnham and Carlos Jensen, Decreasing Online "bad" behavior. *Proceedings of the CHI' 02 Extended Abstracts on Human Factors in Computing Systems*, 2002. ACM.

[245] Peter J Moor, Ard Heuvelman and Ria Verleur, Flaming on Youtube, *Computers in Human Behavior*, 26 (6), pp 1536-1546, 2010.

[246] David J Chatting, Josie S Galpin and Judith S Donath, Presence and Portrayal: Video for Casual Home Dialogues, *Proceedings of the Proceedings of the 14th ACM international conference on Multimedia*, 2006. ACM.

[247] Stefan Pfattheicher and Johannes Keller, The Watching Eyes Phenome-

non: The Role of a Sense of Being Seen and Public Self – Awareness, *European Journal of Social Psychology*, 45 (5), pp 560-566, 2015.

[248] Lu Yan and Yong Tan, Feeling Blue? Go Online: An Empirical Study of Social Support among Patients, *Information Systems Research*, 25 (4), pp 690-709, 2014.

[249] Cheryl A Moyer, David T Stern, Karen S Dobias, Douglas T Cox and Steven J Katz, Bridging the Electronic Divide: Patient and Provider Perspectives on E-Mail Communication in Primary Care, *The American Journal of Managed Care*, 8 (5), pp 427-433, 2002.

[250] Barbara L Fredrickson, The Role of Positive Emotions in Positive Psychology: The Broaden-and-Build Theory of Positive Emotions, *American Psychologist*, 56 (3), p 218, 2001.

[251] James J Gross and Robert W Levenson, Hiding Feelings: The Acute Effects of Inhibiting Negative and Positive Emotion, *Journal of Abnormal Psychology*, 106 (1), p 95, 1997.

[252] Barbara L Fredrickson, The Broaden – and – Build Theory of Positive Emotions, *Philosophical Transactions of the Royal Society B: Biological Sciences*, 359 (1449), pp 4-14, 2004.

[253] Guodong Gordon Gao, Brad N Greenwood, Ritu Agarwal and Jeffrey S Mccullough, Vocal Minority and Silent Majority: How Do Online Ratings Reflect Population Perceptions of Quality?, *MIS Quarterly*, 39 (3), pp 565-589, 2015.

[254] Yi-Chih Lee and Wei-Li Wu, Effects of Medical Disputes on Internet Communications of Negative Emotions and Negative Online Word-of-Mouth, *Psychological Reports*, 117 (1), pp 251-270, 2015.

[255] Daantje Derks, Agneta H Fischer and Arjan Er Bos, The Role of Emotion in Computer-Mediated Communication: A Review, *Computers in Human Be-*

havior, 24 (3), pp 766–785, 2008.

[256] Rishika Rishika, Ashish Kumar, Ramkumar Janakiraman and Ram Bezawada, The Effect of Customers' Social Media Participation on Customer Visit Frequency and Profitability: An Empirical Investigation, *Information Systems Research*, 24 (1), pp 108–127, 2013.

[257] Rajeev H Dehejia and Sadek Wahba, Causal Effects in Nonexperimental Studies: Reevaluating the Evaluation of Training Programs, *Journal of the American statistical Association*, 94 (448), pp 1053–1062, 1999.

[258] Paul R Rosenbaum and Donald B Rubin, The Central Role of the Propensity Score in Observational Studies for Causal Effects, *Biometrika*, 70 (1), pp 41–55, 1983.

[259] Zoey Chen and Nicholas H Lurie, Temporal Contiguity and Negativity Bias in the Impact of Online Word of Mouth, *Journal of Marketing Research*, 50 (4), pp 463–476, 2013.

[260] Yili Hong, Ni Huang, Gordon Burtch and Chunxiao Li, Culture, Conformity and Emotional Suppression in Online Reviews, *Journal of the Association of Information Systems*, 17 (11), pp 737–758, 2016.

[261] Dezhi Yin, Samuel D Bond and Han Zhang, Anxious or Angry? Effects of Discrete Emotions on the Perceived Helpfulness of Online Reviews, *MIS Quarterly*, 38 (2), pp 539–560, 2014.

[262] Joshua D Angrist and Jörn-Steffen Pischke. Mostly Harmless Econometrics: An Empiricist's Companion. Princeton: Princeton University Press, 2008.

[263] Marco Caliendo and Sabine Kopeinig, Some Practical Guidance for the Implementation of Propensity Score Matching, *Journal of Economic Surveys*, 22 (1), pp 31–72, 2008.

[264] Shenyang Guo and Mark W Fraser. Propensity Score Analysis: Statisti-

cal Methods and Applications. Califomia: Sage Publications, 2015.

[265] Peter C Austin, Statistical Criteria for Selecting the Optimal Number of Untreated Subjects Matched to Each Treated Subject When Using Many – to – One Matching on the Propensity Score, *American Journal of Epidemiology*, 172 (9), pp 1092–1097, 2010.

[266] Michael Lechner, Some Practical Issues in the Evaluation of Heterogeneous Labour Market Programmes by Matching Methods, *Journal of the Royal Statistical Society: Series A (Statistics in Society)*, 165 (1), pp 59–82, 2002.

[267] Paul R Rosenbaum and Donald B Rubin, Constructing a Control Group Using Multivariate Matched Sampling Methods That Incorporate the Propensity Score, *The American Statistician*, 39 (1), pp 33–38, 1985.

[268] Gordon Burtch, Seth Carnahan and Brad N Greenwood, Can You Gig It? An Empirical Examination of the Gig Economy and Entrepreneurial Activity, *Management Science*, 64 (12), pp 5497–5520, 2018.

[269] Brad N Greenwood and Sunil Wattal, Show Me the Way to Go Home: An Empirical Investigation of Ride–Sharing and Alcohol Related Motor Vehicle Fatalities, *MIS Quarterly*, 41 (1), pp 163–187, 2017.

[270] Brad N Greenwood and Ritu Agarwal, Matching Platforms and Hiv Incidence: An Empirical Investigation of Race, Gender, and Socioeconomic Status, *Management Science*, 62 (8), pp 2281–2303, 2015.

[271] Jason Chan and Anindya Ghose, Internet's Dirty Secret: Assessing the Impact of Online Intermediaries on Hiv Transmission, *MIS Quarterly*, 38 (4), pp 955–976, 2014.

[272] Nan Hu, Paul A Pavlou and Jie Zhang, On Self–Selection Biases in Online Product Reviews, *MIS Quarterly*, 41 (2), pp 449–471, 2017.

[273] Yinlong Zhang, Lawrence Feick and Vikas Mittal, How Males and Fe-

males Differ in Their Likelihood of Transmitting Negative Word of Mouth, *Journal of Consumer Research*, 40 (6), pp 1097–1108, 2013.

[274] Paulo B Goes, Mingfeng Lin and Ching-Man Au Yeung, "Popularity Effect" in User-Generated Content: Evidence from Online Product Reviews, *Information Systems Research*, 25 (2), pp 222–238, 2014.

[275] Chong Wang, Xiaoquan Zhang and Il - Horn Hann, Socially Nudged: A Quasi-Experimental Study of Friends' Social Influence in Online Product Ratings, *Information Systems Research*, 29 (3), pp 641–655, 2018.

附　录

虚拟社区中影响用户贡献活动的因素调查

您好！非常感谢您抽出宝贵的时间完成本问卷！

本问卷来自高校的学术研究团队，旨在探索影响虚拟社区中用户是否贡献内容的因素。本问卷大约需花费您 5 分钟，您的一系列看法对我们的研究非常重要！本次调查采用匿名方式，问卷中的信息均严格保密。您的答案没有"对"与"错"、"好"与"坏"之分，如实填写即可！如果您想咨询问卷结果报告，请联系邮箱 hmy_ hit@ 126. com。非常感谢您的支持。

说明：虚拟社区是通过互联网形成的互动交流空间，成员之间基于某种共同的兴趣和爱好聚集在一起分享各自的知识与经验，从而形成一个社会群体。例如，知乎、微博、汽车之家、华为手机社区、小红书、美丽说、马蜂窝、人人都是产品经理、人大经济论坛、宠物论坛、患者交流社区等。

第一部分　基本信息

1. 请选择一个您使用过的虚拟社区，它的名称是＿＿＿＿＿＿＿＿

2. 您成为这个社区成员的时间：

A. 小于 3 个月　　　　B. 3~6 个月　　　　C. 6 个月至 1 年　　　　D. 1~2 年

E. 2~3 年　　　　　　F. 3 年以上

3. 平均而言，您在这个社区每周花多少时间？

A. 小于 30 分钟　　　B. 30 分钟至 1 小时　　　C. 1~3 小时　　　D. 3~5 小时

E. 5 小时以上

4. 我在这个社区发表帖子的频率是？

A. 少于每月一次　　B. 每周一次　　C. 每周多次　　D. 每天一次　　E. 每天多次

5. 您的性别？

A. 男　　　B. 女

6. 您的学历：

A. 高中及以下　　　B. 大专　　　C. 本科　　　D. 硕士及以上

7. 您的职业是：＿＿＿＿＿＿＿＿＿

8. 您的年龄？

A. 18~25 岁　　B. 26~35 岁　　C. 36~45 岁　　D. 46~55 岁　　E. 大于 55 岁

第二部分　虚拟社区用户贡献行为的调查

请根据您上面选择的这个虚拟社区回答您的体验：

按照您对以下描述的同意程度进行打分，1→7 分表示非常不同意、不同意、有些不同意、中立、有些同意、同意、非常同意

	1	2	3	4	5	6	7
1. 我在该社区中使用了一个特殊的（或有意义的）签名，这使我与众不同							
2. 我在该社区中使用了一个特殊的（或有意义的）昵称，这使我与众不同							
3. 我在个人页面上提供了关于自己的信息							
4. 我在该社区中分享自己的照片或其他个人信息							
5. 我通过发表帖子来表达自己的意见							
6. 我在该社区中向其他成员分享我自己的故事							
7. 我认为其他人在与我互动时会考虑我的排名（声誉）							
8. 我认为其他人会搜索我发过的帖子，以更多地了解我							
9. 该社区提供了即时聊天功能，我可以与其他人实时交流							
10. 我关注该社区内其他人的在线或离线状态							
11. 我发现其他人会很快回复我的帖子							
12. 我发现其他人会很快回复我的私信							
13. 我积极参加与其他成员的定期线下聚会							
14. 我参加了该社区举办的多种线下活动							
15. 我很少留意到跟我互动的其他人的存在							
16. 我感觉跟我互动的其他人会注意我的存在							
17. 我的情绪会影响在社区中跟我交流的人的情绪							
18. 跟我交流的人的情绪会影响我的情绪							

续表

	1	2	3	4	5	6	7
19. 我认为这个社区的人会影响彼此的情绪							
20. 我了解该社区的目的							
21. 该社区中的人互相理解、容易沟通							
22. 我能理解跟我交流的其他人发表的意见							
23. 跟我交流的其他人能理解我发表的意见							
24. 跟我交流的其他人清楚我所描述的感想							
25. 我可以感受到跟我交流的其他人所描述的感想							
26. 该社区是值得信赖的							
27. 我相信该社区中用户提供的信息是客观的、可靠的							
28. 我相信该社区信息共享是自由的、平等的							
29. 我相信该社区成员会以真诚的态度与他人互动							
30. 我愿意成为该社区的一员							
31. 我愿意在社区中发表意见							
32. 我愿意提供信息，帮助其他人解决问题							
33. 社区中的内容非常吸引我							
34. 我的注意力完全专注在社区中的活动							
35. 最近一次参与该社区时，我感觉充满了兴趣							
36. 最近一次参与该社区时，我感觉愉快							
37. 最近一次参与该社区时，我感觉令人兴奋							
38. 最近一次参与该社区时，我感觉放松							

	1	2	3	4	5	6	7
39. 在该社区中，我有能力回答他人的问题或分享自己的经验							
40. 我认为我分享的信息是有价值的							
41. 我相信我能准确表达自己的观点							
42. 我在参与该社区的过程中会感到焦虑							
43. 我在参与该社区的过程中会感到充实							
44. 我在参与该社区的过程中会感到空虚							
45. 我愿意继续在该社区中贡献知识或信息，而不是停止							
46. 我打算继续使用这个社区，而不是去其他类似社区							
47. 这个社区有助于我获取信息							
48. 这个社区有助于我学习如何做事							
49. 这个社区有助于我产生想法							
50. 这个社区有助于我解决问题							
51. 这个社区有助于我做出相应的决策